기독교문서선교회 (Christian Literature Center: 약칭 CLC)는 1941년 영국 콜체스터에서 켄 아담스에 의해 시작되었으며 국제 본부는 미국 필라델피아에 있습니다.
국제 CLC는 59개 나라에서 180개의 본부를 두고, 약 650여 명의 선교사들이 이동 도서차량 40대를 이용하여 문서 보급에 힘쓰고 있으며 이메일 주문을 통해 130여 국으로 책을 공급하고 있습니다. 한국 CLC는 청교도적 복음주의 신학과 신앙 서적을 출판하는 문서선교기관으로서, 한 영혼이라도 구원되길 소망하면서 주님이 오시는 그날까지 최선을 다할 것입니다.

추천사

김병모 박사
호남신학대학교 신약학 교수

『예루살렘 함락 후 일주일』(*A Week in the Fall of Jerusalem*)은 일종의 역사 소설이다. 저자의 박식한 성서적, 역사적, 지리적, 문화적 지식과 그의 풍부한 상상력이 절묘하게 조화를 이루고 있어서 아주 흥미롭게 읽으면서, 동시에 저절로 적잖은 정보를 얻을 수 있다. 예루살렘이 함락당할 당시의 팔레스타인의 일반적·역사적 상황에 관심이 있거나, 당시의 팔레스타인 유대인 그리스도인들의 신앙과 생활에 관심이 있는 독자들에게 이 책을 강력히 추천한다.

송영목 박사
고신대학교 신약학 교수

사회수사학적 해석으로 잘 알려진 벤 위더링턴 3세(Ben Witherington III)는 다방면에 걸친 해박한 지식과 가능성에 기반한 상상력을 동원하여 A.D. 70년 예루살렘 파멸 후 한 주간에 걸친 사건들을 옴니버스 형식의 이야기로 흥미진진하게 풀어 낸다. 저자가 재구성한 이야기는 네 장면으로, 예루살렘을 정복한 디도 장군, 데가볼리의 펠라로 도피한 막달라 마리아 일행, 페트라로 피신한 산시아 일행, 마태복음을 집필하기 위해 갈릴리 지방으로 두루마리를 찾아 나선 레위 마태다.

마치 한 편의 영화로 제작해도 좋을 만큼 장면 전환이 빠른 각본과 같다. 저자는 교부들이 증언한 펠라 전승의 중요성과 성경 인물들의 개연성 있는 상관 관계를 그 당시 종교-문화적 배경 속에서 잘 부각시키지만, 베다니의 마르다와 마리아의 아버지로 나병 환자 시몬을 언급한 것과 같이 일부 내용들은 고개를 갸우뚱하게 만든다.

저자는 유익한 역사 정보와 시각 자료를 친절히 제공할 뿐 아니라 하나님의 구원 계시의 역사에 있어 매우 중요한 전환적 사건인 돌 성전 파괴의 의미, 요세푸스의 『유대 전쟁사』의 중요성, 펠라 전승, 마태복음의 신학적 강조점과 마가복음 우선설 같은 여러 사항을 다시 생각해 보는 기회를 제공한다.

대럴 박(Darrell Bock) 박사
달라스신학교 신약학 주임 연구교수

숙련된 솜씨와 드라마로 벤 위더링턴 3세는 우리를 A.D. 70년 예루살렘 함락이 어떻게 진행되었을지를 몸으로 체감하게 한다. 최소한의 표현만으로도 매혹적이며 교훈적이기까지 하다.

크레이그 A. 에반스(Craig A. Evans) 박사
휴스턴침례대학교 신학부 교수

A.D. 1세기에는 세 가지의 매우 중요한 일이 발생했다. 예수께서 로마인들의 십자가에 달려 죽으셨고, 예수께서 부활하셨으며, 예루살렘성과 성전이 로마인들에 의하여 점령당하고 파괴되었다.

한 세대 안에 발생한 이 세 가지 사건이 세계를 변화시켰다. 처음 두 사건은 문학, 연극, 그리고 영화에서 끊임없이 토론되었고 극으로 각색되었다. 그러나 세 번째 사건인 예루살렘 함락은 매우 적은 관심을 받았을 뿐이다.

이것이 내가 예루살렘이 함락된 후 일주일이 어떻게 진행되었을지를 다루고 있는 상상력이 풍부하지만, 역사적·문화적으로 박식한 벤 위더링턴 3세의 드라마를 환영하는 이유이다. 이 책은 매우 재미있고 유익하며 교훈적이다.

조엘 윌리츠(Jeol Willitts) 박사
시카고 노스팍대학교 성서신학 교수

벤 위더링턴 3세의 『예루살렘 함락 후 일주일』은 많은 사람에게 익숙치 않은 이야기인 "제1차 유대인 독립 전쟁"(The First Jewish Revolt)의 격변기에 예수님을 믿었던 '유대인 신자들의 삶이 어떠했을까?'를 독자들이 상상하도록 초대한다.

훌륭한 이야기를 풀어 신약성경의 익숙한 등장 인물 주위로 그 이야기를 엮어가며 위더링턴은 독자들에게 1세기 후반의 유대 세계와 로마 세계의 수많은 역사적, 문화적 요소들에 대한 정보를 제공한다.

위더링턴의 역사적 허구를 다루는 내러티브는 독자들의 상상력을 자극하며 그들을 A.D. 70년의 트라우마의 여파를 몸으로 겪어야 했던 예수님 초기 유대인 제자들의 삶 속으로 끌고 들어간다.

예루살렘 함락 후 일주일

A Week in the Fall of Jerusalem
Written by Ben Witherington III
Translated by Insung Wang
Copyright ©2017 by Ben Witherington III
Originally published in English under the title
A Week in the Fall of Jerusalem
by Inter Varsity Press
P.O. Box 1400, Downers Grove, IL 60515, USA. www.ivpress.com
All rights reserved
Translated and printed by permission of Inter Varsity Press.
Korean Edition Copyright © 2021 by Christian Literature Center, Seoul, Korea.

예루살렘 함락 후 일주일

2021년 3월 10일 초판 발행

지은이	|	벤 위더링턴 3세
옮긴이	|	왕인성
편 집	|	구부회
디자인	|	박성준, 김현진
펴낸곳	|	(사)기독교문서선교회
등 록	|	제16-25호(1980.1.18.)
주 소	|	서울특별시 서초구 방배로 68
전 화	|	02-586-8761~3(본사) 031-942-8761(영업부)
팩 스	|	02-523-0131(본사) 031-942-8763(영업부)
이메일	|	clckor@gmail.com
홈페이지	|	www.clcbook.com
송금계좌	|	기업은행 073-000308-04-020 (사)기독교문서선교회
일련번호	|	2021-10

ISBN 978-89-341-2091-9 (93230)

이 도서의 국립중앙도서관 출판예정도서목록(CIP)은 서지정보유통지원시스템 홈페이지
(http://seoji.nl.go.kr)와 국가자료공동목록시스템(http://www.nl.go.kr/kolisnet)에서 이용하실 수 있습니다. (CIP제어번호: CIP2020004266)
이 한국어판 저작권은 Inter Varsity Press 와(과) 독점 계약한 (사)기독교문서선교회가 소유합니다.
신저작권법에 의하여 한국 내에서 보호를 받는 저작물이므로 무단 전재와 무단 복제를 금합니다.

예루살렘 함락 후 일주일

A week in the fall of Jerusalem

벤 위더링턴 3세 지음
왕인성 옮김

CLC

목차

추천사
김 병 모 박사 | 호남신학대학교 신약학 교수
송 영 목 박사 | 고신대학교 신약학 교수
대럴 박 박사 | 달라스신학교 신약학 주임 연구교수
크레이그 A. 에반스 박사 | 휴스턴침례대학교 신학부 교수
조엘 윌리츠 박사 | 시카고 노스팍대학교 성서신학 교수

그림의 출처와 사용 허가		8
역자 서문		9
1	매캐한 연기가 피어오르던 그곳	10
2	펠라의 미리암	23
3	예루살렘의 딸들	37
4	슬픔과 비통함	43
5	렌틸콩과 문인방 이야기	48
6	레위의 탈출	56
7	여리고에서의 휴식	67
8	예언과 해석	77
9	예배 시간에 방문한 자들	86

10	갈림길	104
11	율리우스가 보고하다	111
12	여행, 그리고 토라를 얻기 위한 수고	115
13	레위의 목표	122
14	불확실한 길들	128
15	어부의 집	136
16	또 하나의 여행이 시작되다	145
17	향신료와 뱀들	152
18	벳새다의 비밀들	164
19	그 주간의 나머지 사건들	179
20	기도와 섭리	188
21	오래된 두루마리들과 새 두루마리들	195
22	가족의 재결합	202

그림의 출처와 사용 허가

그림 2.3. NASA Earth Observatory. Photo by the Expedition 20 crew, September 14, 2009. Wikimedia Commons.

그림 2.4. Courtesy of Carl Rasmussen, www.HolyLandPhotos.org.

그림 4.1. From the private collection of Randy Benzie. Wikimedia Commons. Creative Commons CC0 1.0 Universal Public Domain.

그림 5.1. Funerary stele of Licinia Amias, Vatican necropolis, Rome. Former Kircherian Collection. Photo by Marie-Lan Nguyen, 2006. Wikimedia Commons.

그림 6.3. Classical Numismatic Group, Inc. Wikimedia Commons. Creative Commons Attribution-Share Alike 3.0 Unported.

그림 9.2. PureCore, 2009. Wikimedia Commons. GNU Free Documentation License 1.2.

그림 14.1. © Baker Publishing Group and Dr. James C. Martin.

그림 14.2. Used by permission of Zev Radovan, www.BibleLandPictures.com.

그림 15.2. Northern views: fishermen mending their nets. Between 1898 and 1914. G. Eric and Edith Matson Photograph Collection. Library of Congress, Prints & Photographs Division, LC-DIG-matpc-07019.

그림 17.7. Photo by Nozav, 2006. Wikimedia Commons. Creative Commons Attribution-Share Alike 2.0 Generic.

그림 19.1. © Baker Publishing Group and Dr. James C. Martin.

그림 20.1. Tunisia-4718—A Banquet. Photo by Dennis Jarvis, May 19, 2012. Wikimedia Commons. Creative Commons Attribution-Share Alike 2.0 Generic.

그림 21.2. © Baker Publishing Group and Dr. James C. Martin, courtesy of the Pergamonmuseum, Berlin.

다른 모든 사진은 마크 페어차일드(Mark Fairchild)가 제공한 것이다.

역자 서문

왕인성 박사
부산장신대학교 신약학 교수

너무도 색다른 경험이었다. 벤 위더링턴 3세의 『예루살렘 함락 후 일주일』은 주석류의 번역에 매진했던 나에게는 전혀 생소한 방식으로 1세기 유대 정황을 그려내고 있었다.

저자는 소설의 양식을 빌려 우리에게 익숙한 신약성경의 인물들을 등장인물로 등장시키면서, 그들의 입으로 그들의 생각으로 예루살렘 함락 시점부터 일주일의 기간에 일어났을 법한 사건을 묘사한다. 중간중간 등장하는 고고학적 지식과 문화적 배경에 대한 정보 또한 신약성경의 사회, 문화, 역사적 상황을 이해하는 데 큰 유익이 된다.

내용적으로는 참혹한 비극이 연신 그려져, 만사형통이나 영광의 신학적 상황이 전개되지 않음에도 면면히 흐르고 있는 초기 그리스도인들의 질긴 믿음과 담담한 소망이, 그리고 성도 간의 아름다운 사랑의 교제가 큰 감동을 준다. 번역자와 마찬가지로 한국의 독자들에게 이 책이 신선한 충격과 감동으로 다가가길 기대한다.

1

매캐한 연기가 피어오르던 그곳

요안나(Joanna)는 차가운 아침 공기를 가르며 길고도 찢어질 듯 불어제치는 뿔나팔 소리에 황급히 잠에서 깨어났다. 새벽녘, 태양은 아직 창문 없는 집의 갈라진 돌틈을 뚫지 못했다. 스스로 몸을 일으킨 후 그녀는 임시 변통으로 만든 소파에 앉았다. 매캐한 연기 냄새가 잠에서 덜 깬 그녀의 정신을 번쩍 들게 했다. 그것은 나무를 태우거나 희생 제사를 드릴 때 나는 냄새가 아니었다.

'혹시 타르나 역청 냄새?'

요안나의 가슴에는 이미 익숙해진 두려움이 피어올랐고, 그것은 두려움이 상시적인 동반자가 되게 만들었던 그녀의 일생 중 한 시점의 기억을 불러일으켰다.

요안나는 남편 안드로니고(Andronicus)가 4년 전 네로의 탄압 기간에 순교한 후 로마에서 예루살렘으로 귀향한 터였다. 안드로니고는 예수의 제자들인 베드로와 바울을 잡아 가둔 바로 그 로마의 그물에 휩쓸렸다.

> ### 뿔나팔(SHOFAR)
>
> 뿔나팔은 동물의 뿔, 보통 숫양의 뿔 속을 비워 내고 만든 트럼펫을 닮은 악기이다. 그 뿔들은 형태와 크기가 매우 다양했는데, 그 이유는 그 뿔이 취해진 동물들의 나이와 크기에 따른 차이 때문이었다. 일반적으로 욤키푸르(Yom Kippur, 속죄일)나 유월절과 같은 유대 축제일에 사용되었던 그 뿔나팔은 회당 예식에도 사용될 수 있었다.
> 이 뿔은 시내산에서 하나님이 현현하신 사건과 관련하여 성경에서 처음 언급된다(출 19:16). 뿔나팔은 또한 전쟁의 시작을 알리는 데 사용될 수 있었다(수 6:4; 삿 3:27; 7:16; 삼상 8:3). 뿔나팔 소리는 트럼펫 소리와는 구별되었다. 이 뿔나팔은 우리의 이야기에서 중요한데, 그것은 로마인들은 이 군대의 신호를 위해 뿔나팔이 아닌 트럼펫을 사용했던 까닭이다.

그들 중 어느 누구도 툴리아눔(*Tullianum*)이라 불리는 끔찍한 감옥에서 살아 돌아오지 못했다. 안드로니고는 아피안 길(Appian Way) 근처에서 십자가형으로 처형되었다. 그 기억이 떠오를 때면 요안나는 지금도 여전히 사시나무 떨듯 떤다. 최근에 예루살렘이 당한 위기가 눈물로 뒤범벅된 그녀의 지난 트라우마들에 대한 기억들을 일깨웠다.

요안나는 그녀의 노쇠한 언니 사라(Sarah)를 보려고 두어 달 전에 예루살렘으로 돌아왔다. 이 일은 그녀로선 대담한 모험이었는데, 그 도시는 디도(Titus)의 군대에 포위된 상태였기 때문이다. 하지만 그 도시를 빙 돌아서 남서쪽에서 다윗성 근처로 들어가려던 계획이 성공했다. 그녀는 어둠을 틈타 가까스로 로마 군대가 덜 집중하던 한 지점을 통해 그 도시로 숨어들 수 있었다.

> **툴리아눔** (*Tullianum*)
>
> 중세 시대에 마메르티노감옥(Mamertine Prison)으로 알려진 툴리아눔은 로마의 카피톨리네언덕(Captioline Hill) 북동쪽 경사면에 위치한 단단한 바위를 깎아 만든 동굴이었다. 그 감옥은 흉악한 범죄로 기소된 죄인들을 재판이나 처형에 앞서 가두는 곳이었다.
> 죄인들은 전통적으로 로마의 변두리에 있던 군대 본부 캠푸스 마르티우스(*Campus Martius*)에 구금되었던 반면, 특별한 죄수가 황제 앞에서의 재판 후에 대중 앞에서 처형될 경우 툴리아눔 같은 특별 유치장에 구금된 것으로 보인다. 로마인들에게 감금은 처벌이 아니었다. 그것은 죄수들이 무죄가 선언되거나 유죄 평결이 내려지거나 처형될 때까지 구금하는 방식이었다.

호흡 곤란으로 고통스러워하던 언니는 수 주일 동안 계속된 요안나의 극진한 노력에도 결국 몸져눕고 말았다. 겨우 3일 전 안식일 전날에 그녀는 자기 조상에게로 돌아갔고 그 도시의 남쪽 지역, '힌놈의 골짜기'(the Hinnom Valley)에 임시로 만든 무덤에 매장되었다. 요안나는 비통함 속에서 자신이 이제 무엇을 해야 할지를 놓고 씨름했다.

그런데 이제는 새로운 위기 상황이 뿔나팔 소리에 잠이 깬 그녀를 사로잡았다. 공포심이 그녀의 목을 움켜쥐었으나 그녀는 두려움을 억누르고 정신을 차렸다. 베스파시안(Vespasian)이 예루살렘에서 물러나 로마로 귀환했을 때 로마인들이 그대로 철수할 것이라는 일말의 희망이 있었다.

그러나 최근 베스파시안의 아들 디도(Titus)가 더 큰 군대를 이끌고 왔고, 이제 예루살렘 포위 공격이 착착 진행되었다. 음식이 귀해졌고 많은 이가 거룩한 도성 안에 갇힌 채 절망 속에 빠져들었다. 성전에서 행해지는 몇 가지 역할 외에는 열심당원들과 그들의 심복들이 그 도성 안에서 진행되고 있는 거의 모든 일을 통제했다.

그런데 그 뿔나팔 소리는 이 시간에 왜 그토록 집요하게 울렸을까?

확실히 일종의 경고음이었다. 두려움이 요안나의 마음을 사로잡았다. 그것은 그녀가 거의 한 세대 전, 곧 그녀의 남편이 바로 이 도시의 바깥에서 로마식 십자가형으로 처형당했을 때 경험했던 큰 공포와 동일한 두려움이었다.

"불이야! 불이야!"

별안간 이런 외침과 함께 거리에는 큰 울음소리와 샌들을 신은 발들이 바삐 움직이는 시끄러운 소리, 자갈로 채워진 포장도로 위를 구르는 수레바퀴 소리가 들려왔다. 요안나는 본능적으로 몇몇 생존 물품 — 무교병, 대추야자 열매, 무화과, 올리브, 작은 포도주 병 — 을 움켜쥐고 작은 여행용 가방에 그것들을 던져 넣었다. 그리고 그녀의 가장 좋은 외투를 재빨리 걸치고는 어둠 속으로 사라졌다. 양문(Sheep Gate)을 향해 덜거덕거리며 가던 작은 달구지가 가까스로 그녀를 지나쳤다.

"대체 무슨 일이죠?"

그녀는 그 수레 곁에서 달리고 있는 젊은이에게 소리쳐 물었다.

"로마 군대가 성전 바깥쪽 성벽을 깨뜨렸어요. 그들이 공성탑(Siege tower)에서 성벽에 불을 놓고 역청을 쏟아붓고 있어요. 바로 열심당원들이 있는 곳으로 말이에요. 빨리 도망치세요!"

그러나 대체 어디로 도망갈 수 있단 말인가?

양문 근처에 다다랐을 때 요안나는 그 문을 향해 언덕을 올라오고 있는 로마 군병들의 깜박거리는 등불을 볼 수 있었다. 그녀는 재빨리 방향을 바꿨다. 이제 그녀는 그 도시의 먼 쪽에서 밝게 빛나는 화염들을 볼 수 있었다. 그녀의 몸은 공포로 경직되었고, 숨이 가빠졌으며, 두 손은 움켜쥐었고, 얼굴은 식은땀으로 상기되었다.

뿔나팔은 고막을 찢을 듯이 울음을 계속 토해 냈다. 요한나는 싸우는 소리와 상처 입은 사람들의 비명을 들을 수 있었다. 그곳은 그녀처럼 나이든 여인이 있을 장소가 아니었다. 한순간 그녀는 요한마가 어머니의 집으로 갈까 생각을 했다.

'아니야! 그들은 며칠 전에 짐을 싸서 그 도시를 떠났지.'

그녀의 입은 말랐고, 그녀의 몸은 비틀거리면서도 한 잔의 물을 마실 수 있기를 바랐다.

갑자기 요안나는 한 가지 생각이 떠올랐다. 물로 목을 축일 뿐만 아니라, 그것을 사용하여 탈출할 수 있는 방법이었다.

그녀는 오랜 수로(water channel)로 갈려고 하는 것이다

히스기야 왕 시 대에 만든 그 수로는 기혼샘으로부터 그 도시의 성벽 쪽으로 물길이 나 있었다. 그곳에서 그녀는 어디로든 탈출할 수 있었던 것이다. 하지만 이렇게 생각하는 것이 요안나 한 명만은 아니었다. 그녀 가 다윗성의 하부에 위치한 그 수로의 입구에 도달하자, 터널로 들어가고 있는 희미한 형체의 사람들을 볼 수 있었다. 몇몇은 부모가 서둘러 터널로 들여보내고 있는 우는 아이들이었다. 요안나가 입구에 도착했을 때 기억이 났다. 그 터널이나 실로암 연못에는 물이 별로 남아 있지 않았던 것이다. 왜냐하면, 그곳은 포위 공격을 당하고 있는 동안 말라버렸기 때문이다. 따라서, 터널을 이용하여 움직이는 것이 더 쉬워 보였다. 그녀의 갈증은 아직 가시지 않았다.

유대 항쟁(The Jewish Revolt)

유대 역사가 요세푸스가 유대 전쟁들(Jewish Wars)이라고 부른 전쟁은 A.D. 70년 성전의 함락 오래전에 시작되었다. 그 전쟁들은 한 유대 분파인 열심당원들과 그들의 수하들(일명 시카리[sicarii] 혹은 단도를 품은 사람들)에 의해 이끌린 유대와 갈릴리에서 발발한 일반적인 반란 전쟁과 결부되었다. 베스파시안 황제는 그의 제국의 변방의 작은 나라 유대, 갈릴리 그리고 사마리아에서 발발한 폭동을 제압하는 일이 그의 군대를 수년 동안 붙잡아 둘 것이라고는 전혀 생각지 못했다. 그 땅의 자연 환경은 고작 남북으로 120마일(193km), 동서로 가장 넓은 지역이 60마일(96.5km)에 불과했다.

기샬라의 요한(John of Gischala) 같은 몇몇 주요 열심당원 수뇌는 북쪽 출신이었다. 반란은 단지 예루살렘에 있는 성전 제도의 권력 집중에 대한 것만은 아니었다. 유대인들은 남쪽 지역의 유대를 다스리던 로마 관리들에 대한 것만큼이나 북쪽 지역의 분봉 왕 헤롯 안티파스(Herod Antipas)에게도 분노하고 있었다. 그리고 유대인들을 향한 요세푸스의 명백한 동정심에도 불구하고, 요한과 열심당원들이 A.D. 67-68년 무렵 예루살렘에 도착했을 때 예루살렘 시민들 중 대다수가 그들을 배척했다는 그의 보고는 믿기 어렵다. 열심당원들은 아마도 이두매인들 얼마를 포함하여(헤롯의 가계는 대다수가 이두매 사람들이었다) 예루살렘에 있던 수많은 유대인의 협조 없이는 그 도시 전체와 성전 권력 체계를 거의 접수하지 못했을 것이다.

요세푸스는 자신의 후원자들(로마 황제와 그의 측근들)뿐 아니라 자신의 동족 유대 백성들에게 유리한 쪽으로 기술했다. 그리고 요세푸스는 평범한 사람들의 관점이 아닌 위로부터의 견해, 즉 땅을 소유한 엘리트들을 포함하는 엘리트적 관점을 제시한다.

요세푸스에게 기샬라의 요한과 그를 따르는 열심당원들은 단지 강도떼, 혹은 산적들이었다. 그들은 자신의 행동에 대해 그 어떤 신학적, 혹은 종교적 동기들이 없었다. 그리고 심지어 그들이 자유를 위해 싸운 투사들이라는 시각도 요세푸스는 절대 허용하지 않는다

안전을 위해 하나님께 기도하면서 그녀는 어두운 터널 입구에 다다랐다. 좁은 터널의 천장에는 앞서 걷는 사람들에 의해 드리워진 기괴한 음영들이 있었다. 사람들이 실로암 연못을 향해 아래로 신중하게 내딛는 축축히 젖은 발소리가 점점 크게 울렸다. 누군가 성전으로 올라갈 때 부르는 시편(psalm of ascent)을 부르고 있었다.

요안나는 주님과 다른 제자들을 위해 물을 길으려 샘으로 내려갔던 므깃도에서의 한 날을 떠올렸다. 그 샘은 지하 깊은 곳에 있었기에 그 도시 변두리에 있는 그들의 진영으로부터 내려갔다가 돌아오려면 족히 한 시간이 걸렸다. 그러나 기혼에서 실로암까지는 달팽이가 걷는 속도로 가도 금세 연못에 도착할 수 있었다.

연못에 도착하자, 여명이 동쪽 언덕 상부를 비추고 있었다. 고개를 들어 보니 감람산 가장자리와 힌놈의 골짜기 너머로 군인들(몇몇은 말을 타고 있었다)의 흐릿한 윤곽을 볼 수 있었다.

요안나는 샌들에 남은 물을 흔들어 털어 내고 외투 자락 끝의 물을 짜내려고 잠시 앉았다. 그리고 탈출하는 유일한 방법은 베다니와 벳바게 골짜기로 내려가는 것이라고 결론 내렸다. 왜냐하면, 이 길은 저항운동이 가장 적게 일어난 길로서, 로마 군인들이 예루살렘을 공격하기에도 너무 바빠 그들이 모든 길목을 지킬 수 없기 때문이었다.

1 매캐한 연기가 피어오르던 그곳 17

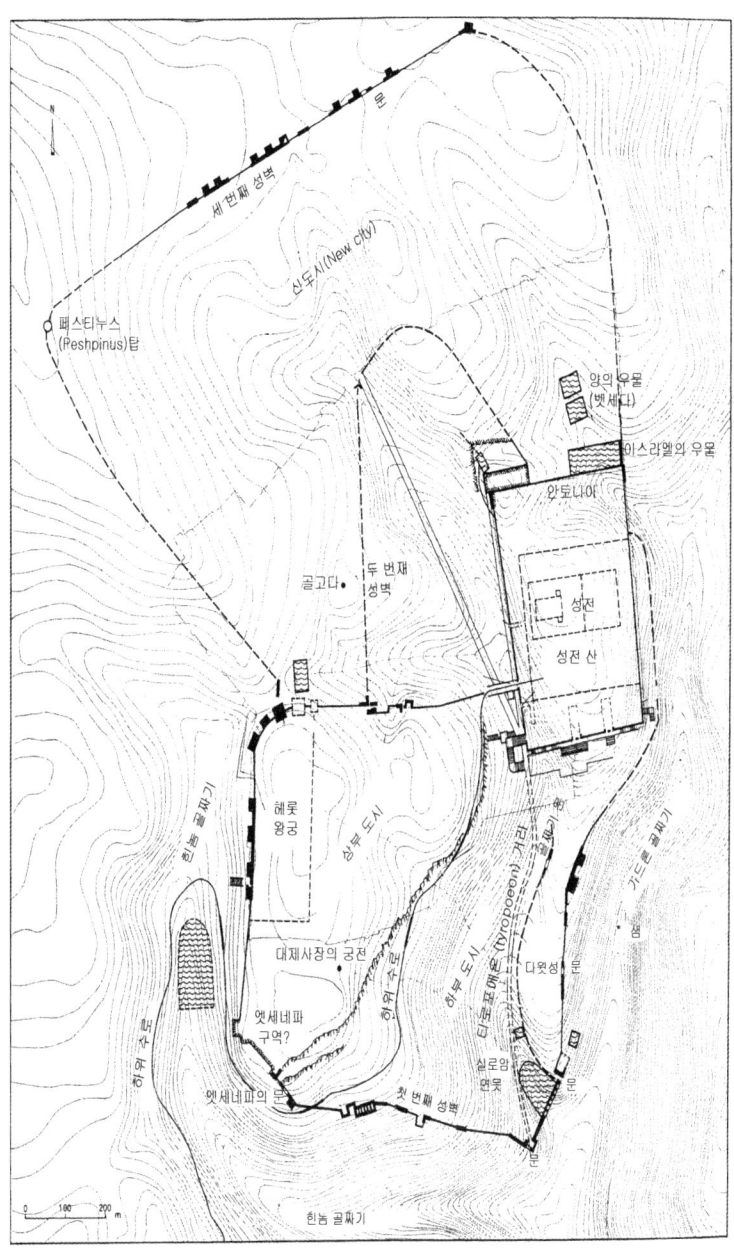

그림 1-1. 1세기 초의 예루살렘 지도

요안나는 감람산 남쪽 끝자락에 도착하여 잠깐 뒤를 돌아보았다. 화염이 성전 경내를 훑고 있었다. 로마 군대의 사다리들이 도시의 성벽에 걸쳐졌다. 시온산 근처 큰 성벽 한쪽이 파괴되었고, 로마 군인들이 그 도시의 가장 부유한 구역으로 쳐들어가고 있었다. 그리고 곧 성전 경내로 들어설 것 같았다. 힐끗 성전 꼭대기서 뛰어내리는 흰옷 입은 사람들(레위인들)을 본 요안나의 심장 소리가 그녀의 목구멍에까지 차올랐다. 그리고 차마 더 바라볼 수 없어서 서둘러 길을 재촉한다.

문득, 요안나의 마음에는 이 세대가 가기 전에 헤롯 성전의 돌 하나도 다른 돌 위에 남아 있지 않으리라던 예수님의 예언을 들었을 때가 떠올랐다. 예수님이 말씀하시던 예언들이 바로 이때 모두 이루어지고 있는 것처럼 보였다. 하지만 더 보려고 꾸물거릴 시간이 없었다. 로마에 사는 동안, 그녀는 로마 군인들이 도시를 어떻게 약탈하고 여인들을 강간했으며, 원하는 모든 것을 강제로 취했는지에 대해 지겹도록 들었었다. '이것이 과연 그토록 수많은 해 동안 하나님께 불충했던 자들에 대한 하나님의 심판일까?'

요안나가 베다니에 도착한 것은 실로암 연못에서 반 마일(800m)도 걷지 않았을 때였다. 그녀는 마리아와 마르다의 집으로 향하고 있었다.

'그들이 아직 떠나지 않았을까?'

만약 그들이 떠나지 않았다면, 그들에게 함께 떠나자고 강권할 생각이었다. 그러나 요안나가 그들의 집을 향해 마지막 모퉁이를 돌았을 때 그녀는 한 명의 로마 군인에 의해 제지당했다.

"이봐요, 늙은이! 어디 가는 길이지?"

히스기야의 터널 (Hezekiah's Tunnel)

견고한 석회암을 깎아내 만든 수로(水路)인 히스기야의 터널은 놀라운 발굴상의 업적이었다. 비록 여전히 합리적인 가설이고 열왕기하 20:20에 의해 지지를 받을지라도 어떤 학자들은 최근 이 터널이 히스기야의 통치와 활동기에 귀속시킬 수 있는지를 놓고 논쟁 중이다. 그 터널 근처에서 발견되었고 지금은 이스탄불박물관에 소장된 유명한 실로암 비문(Siloam inscription)은 그 터널의 양쪽 끝(한쪽 끝은 기혼샘[Gihon Spring]이고 다른 한쪽 끝은 실로암 연못[Pool of Siloam]이다)에서 작업하다가 중간에서 만나게 된 두 개의 팀(teams)에 대해 말한다(사진 1.2.를 보라).

사진 1.2. 히스기야의 터널

원래 B.C. 8세기에 히스기야의 주도로 건설됐는지 아닌지와 상관없이 그 터널은 확실히 A.D. 1세기보다는 앞서 존재했고 그 도시의 전략적 지형이었던 것은 분명하다. 예루살렘의 문제는 주된 수원(水源)이 성벽 밖에 있었다는 점이다. 이 터널은 포위 공격을 당할 때 안전하게 물을 공급받게 해 주었다(히스기야에게는 8세기 산헤립의 포위가 이에 해당한다).

그는 그리스어로 다그쳐 물었다.

기회다 싶어 그녀는 라틴어로 대답했다.

"나는 이 도시를 떠나 피난처로 가고 있소. 제발 지나가게 해 주시오."

군인은 그녀가 라틴어를 말할 수 있다는 사실에 놀랐다.

"라틴어를 말할 수 있군요! 당신도 나처럼 로마 출신이오?"

그녀의 오른팔을 거칠게 잡고 있는 그의 손에 불쾌해 하며 요안나는 말했다.

"아야! 아파요! 나는 로마에 한 때 살았었어요. 보다시피 나는 노파이고 당신에게 아무런 문제가 되지 않아요. 제발 로마 거주민의 통행증을 나에게 적용해 주세요."

잠깐 그 군인은 미소를 지었는데, 로마로부터 멀리 떨어진 유대 지역의 낯선 장소에서 모국어를 듣게 된 일에 흥미를 느끼는 것처럼 보였다. 그는 어깨를 으쓱대며, 그녀의 팔을 놓고는 주의를 주었다.

"좋아요. 그러나 우리 부대가 이 도시를 정복하면 통행금지가 내려질 것이오. 그러니 가능한 한 빨리 길에서 벗어나시오."

"네, 그렇게 할께요."

그녀는 안도하며 서둘러 떠났다.

잠시 후 마리아와 마르다의 집에 도착하자, 그녀는 세 번 문을 두드렸다. 처음에는 아무런 반응이 없었다. 일 분, 이 분, 삼 분이 지나자 문이 슬며시 열렸다

"누구세요?"

지친 노파의 목소리가 속삭이듯이 들렸다

"저에요, 요안나."

문이 활짝 열리더니 마르다가 요안나의 손목을 어둠 속으로 잡아챘다.

디도의 예루살렘 포위(The Siege of Jerusalem by Titus)

A.D. 68년 봄 무렵까지 베스파시안은 갈릴리를 겨우 복속시켰고 예루살렘을 포위 공격할 목적으로 유대를 관통해 진군할 수 있었다. 당시 예루살렘에는 열심당원들이 안전하게 자리잡고 있었다. 열심당원들은 단일 그룹이 아니었다. 요한의 파당(John's faction) 외에도 거라사 시몬의 파당(Simon of Gerasa's faction)도 있어 상당한 내부 알력이 존재했다.

A.D. 69년까지는 황제로 인정받아 로마로 귀환한 베스파시안이 예루살렘을 복속시키려고 그의 아들 디도에게 임무를 맡겼다. 디도는 주력 부대(significant force)와 함께 알렉산드리아로부터 주 본부(provincial headquarter)가 있는 가이사랴(Caesarea Maritma)까지 행군했다.

세 개의 군단이 스코푸스산(Mount Scopus)에 진을 쳤고 네 번째 군단은 감람산(Mount of Olives)에 주둔했다. 그리하여 그들은 그 도시의 북동쪽과 동쪽에 위치했는데, 그 도시를 굽어보기 위한 최상의 고지를 염두에 둔 것이었다. 열심당원 분파는 그때까지는 연합했지만(사실 그들은 그 도시에서 출병하여 감람산에 위치한 열 번째 군단을 격퇴했다) 디도의 군대에 의해 다시 물러날 수밖에 없었다.

A.D. 70년 유월절 무렵 그 도시는 아직 함락되지 않았는데, 디도는 스코푸스산과 그 도시 사이의 땅을 평평하게 하려고 포위 공격용 경사로를 만들었다.

요안나 같은 사람과 다른 많은 사람이 포위당한 예루살렘에서 어떻게 탈출할 수 있었을까?

디도의 측근이자 그 도시의 항복을 끌어낼 유용한 협상 카드였던 요세푸스는 그 상황과 관련된 지형적 묘사를 다음과 같이 한다.

그 도시는 세 개의 성벽으로 요새화되었고 한쪽 면만은 예외로 건널 수 없는 협곡으로 둘러싸여 있었다. 그곳에는 하나의 누벽만으로 충분했다. 그 도성은 부분마다 서로 마주 보고 있고 층층이 지어진 집들이 끝 나는 지점에 있는 중심 골짜기로 분리된 두 개의 언덕 위에 세워졌다. … 치즈 제조업 자들(Cheesemakers)의 골짜기(즉, 튀로포에온 골짜기[Tyropoeon Valley])로 불리 는 그 협곡은 하부 도시의 언덕으로부터 상부 도시를 구분하고, 실로암 까지 뻗어 나갔다. 그래서 우리는 그곳을 달콤하고 풍부한 물의 샘이라고 부른다. 그 도시 가 세워진 두 개의 언덕의 바깥쪽에는 깊은 협곡들로 둘러싸여 있었고 그 도시의 양쪽 면에 있는 가파른 절벽은 그 도회지 어디로도 접근할 수 없게 만들었다.[a](『유대 전쟁사』, 5.136-139)

그 도시, 특히 남쪽 면으로 빠져나오는 모든 출구를 틀어막는 것은 불가능했다. 그리고 그곳에는 베다니와 그 너머로 빠지는 길이 있었는데, 그곳이 요안나의 탈출로였다.[b]

---

[a] 요세푸스, 『유대 전쟁사』(Jewish Wars), 5.136-39, in Genuine Works of Flavius, Josephus, trans. William Whiston (New York: Robinson, Pratt & Company, 1941).

[b] 이 모든 것에 대한 더 많은 내용은 Ben Witherington III, New Testament History: A Narrative Account (Grand Rapids: Baker, 2003)를 보라.

2

펠라의 미리암(Miryam of Pella)

석회암 포장도로는 태양의 열기를 받아 벌써부터 달아올라 있었다. 미리암은 그 열기를 피해서 하루의 마실 물을 얻기 위해 수레를 끌고 시장대로의 기둥을 지나고 있었다. 요단계곡(Jordan Valley)에 봄이 오면 푸르고 상쾌한 기분이 든다. 하지만, 그 지역의 건조한 기후 탓에 우기의 강수량이 감소하면 작은 그리스 도시 펠라는 본색을 드러내며 뜨거운 한여름 날이 시작된다.

펠라(Pella)

펠라는 북쪽 요단골짜기의 산기슭 아랫단인 요단강 동쪽에서 약 2마일(3.2km), 그리고 갈릴리바다(Sea of Galilee)에서 남쪽으로 약 18마일(29km) 떨어진 곳에 있었다. 그 도시는 열 개의 그리스 도시, 즉 데가볼리(Decapolis) 중 하나였다.

유대인, 이두매인, 나바테아인, 수리아인, 그리스인 혹은 로마인이든, 데가볼리의 주민 대다수는 그리스어를 구사했다. 실제로 펠라는 그 도시의 그리스식 이름이었다.

데가볼리 도시 중 오직 거라사(Gerasa)와 다메섹(Damascus)만 신약성경에 언급된다. 다메섹을 제외한 모든 도시가 알렉산더가 사망한 B.C. 323년과 로마인들이 무대에 등장한 B.C. 63년경 사이에 세워졌다. 펠라는 주로 그리스-로마적 성격을 지녔기에 예루살렘이 로마의 공격을 받았을 때 안전한 피난처로 여겨졌을 것이다.

사진 2.1. 펠라의 유적

사진 2.2. 펠라

봄이 지나 여름에 접어들수록, 로마인들의 위세는 더욱 뚜렷해졌다. 하지만 앞서 언급한 예루살렘의 위기에도 펠라에서의 삶은 상대적으로 평화로웠다. 모든 곳에서 새로운 사람들이 들어왔고, 그 강 너머에 있는 유대와 갈릴리 동란(troubles)을 피해 사람들이 들어왔다. 미리암은 4년 정도 앞서 갈릴리에서 펠라로 이주한 터였다. 갈릴리에서 로마 군대와 유대 혁명가 사이에 작은 전투가 시작되자 미리암은 여러 가지 선택을 깊이 고민했다. 거의 동일한 시기에 그녀와 예수님의 다른 제자들은 베드로가 로마 밖에서 십자가형을 당했다는 소식을 들었다. 미리암은 십자가 처형을 지겹도록 목격했다.

긴네렛바다(Kinneret Sea)의 북서쪽 해변에 위치한 어촌 마을들에도 폭력이 잠식해 들어오기 시작하자 미리암은 떠나야 한다고 결심했다. 그녀는 늙었지만 미혼이기에, 젊은 가정들의 경우만큼 믹달(Migdal)을 떠나는 것이 어렵지 않았다. 사실 그녀는 몇 년 후에 예루살렘을 떠나서 믹달의 고향으로 돌아왔다. 그 이주는 예루살렘 공동체의 수장인 의인 야고보에 대한 처형으로 예수의 제자들에게 닥친 위기로 일어난 것이다.

한편으로 미리암은 예수를 따르는 무리가 더 많이 펠라에 들어오는 것이 기뻤다. 그러나 그것은 다른 한편으로 그들이 펠라에서 점점 더 쉽게 눈에 띠게 되는 것을 의미했다.

로마, 예루살렘 그리고 그외 지역에서 예수를 따르는 유대인 무리에게 닥치고 있는 일들을 볼 때, 그녀는 세상의 주목을 피해서 자기 일에만 신경을 쓰는 것이 최선임을 알고 봄을 기다리며 몸을 사려야 한다. 이제 그녀는 노파에 불과하고, 그녀의 말이나 믿음에 대한 증언에 관심을 기울일 사람은 거의 없기 때문이다. 그러나 그녀는 과거를 절대로 잊지 않았다.

> **미리암 (Miriam)**
>
> 미리암(Miryam, or Miriam)은 마리아라는 영국식 이름의 어원이다. 예수의 어머니와 막달라 마리아를 포함하여 신약성경에 등장하는 마리아라는 여인 중 대다수(혹은 전부)는 실제로 모세의 누이이자 구약성경의 유명한 여선지자를 따라 이름이 지어졌다.

미리암의 고향인 믹달은 갈릴리 북서쪽 해변의 번창하던 어촌이었다. 그 어촌 마을은 생선을 가공하고 로마인들이 '가룸(Garum)'이라 부르는 생선 피클 소스를 만드는 주요 중심지가 되었다. 그녀의 삶은 평범했다. 고기잡이와 여호와 하나님에 대한 신앙을 중심으로 당연한 일상을 보냈다. 그러나 미리암은 그녀의 마을로 온 나사렛 출신의 한 남자를 본 첫 순간을 결코 잊을 수 없었다. 펠라의 우물에 모인 여인들이 듣고 싶어 할 때마다, 그녀는 몇 번이고 그 이야기를 들려주었다.

"내 고향인 믹달(Migdal, Migdala. 막달라-역주)은 긴네렛바다 북서쪽 모퉁이의 가버나움과 벳새다 사이에 있었어. 마을 세곳 다 어촌인데, 그해 그 무렵에는 고기잡이가 한창이었지. 이때가 호황인지는 누구나 알 수 있었어. 왜냐하면, 헤롯에게 바칠 세금을 거두기 위해 더 많은 세금 징수원이 나타났기 때문이야.

그런데 마을 사람들에게는 새로운 대화의 주제가 생겨났어. 믹달에 세워진 아름다운 새 회당에 관한 이야기였지!

그 회당은, 새겨진 꽃문양과 일곱 촛대(menorah, 메노라) 이미지로 꾸며진 독서대가 완성되어 있었지. 마을 사람들은 그해 이른 여름에 완공된 후부터 회당에 대한 자부심이 대단했지.

믹달 위로 높이 솟은 아르벨(Arbel) 절벽까지 오르는 언덕에 하나의 동굴이 있었는데, 나는 머리부터 발끝까지 먼지를 뒤집어쓴 채 동굴 입구에 앉아 살았지. 그 시절에 나는 젊었지만, 내 삶은 매우 외로웠어. 왜냐하면, 나에게 말을 거는 사람이 거의 없었기 때문이야. 버림받은 사람이었거든.

"부정하다!"

그들이 나에게 소리쳤어.

나를 그렇게 판단하는 그들은 누구였을까?

내 머리는 헝클어져 있었어. 나는 무자비한 태양에게서뿐만 아니라 동굴 안에 기어다니는 해충에게 서 나를 보호하려고 흙을 뒤집어 썼어.

내 이름은 미리암(마리아)이야. 모세의 동생인 여선지자의 이름을 따랐지. 하지만 나는 미리암처럼 사람들에게 환대 받지 못했어. 사실 나는 마을에서 쫓겨났어. 그들은 내가 부정한 귀신이 들렸다고 생각했던 거야. 남자들이 나를 그들의 쾌락에 이용했다는 소문도 있었어. 하지만 그것은 악의적인 거짓말이었어.

사진 2.3 갈릴리바다

그들의 시도는 성공하지 못했지. 내 체구가 작아 보인다는 걸 나도 알아. 하지만 나는 언제든지 쓸 수 있는 크고 사나운 목소리를 갖고 있었어. 부모님은 이미 돌아가셨고 유일한 오빠는 나만 남기고 일자리를 찾아 다른 곳으로 떠나 버렸기 때문에., 나는 욕정에 찬 그 남자들을 물리치며 비명과 발길질로 내 몸을 지켰지.

> **다음 이름들에는 무슨 뜻이 있을까?**
> **- 디베랴, 긴네렛, 게네사렛, 혹은 갈릴리 -**

우리가 갈릴리바다(Sea of Galilee)로 알고 있는 수역(水域)은 고대에 다양 한 이름을 갖고 있었다. 디베랴 황제 통치기와 그 후 얼마 동안은, 헤롯이 그 호숫가에 세운 도시 디베랴와 함께 디베랴바다(Sea of Tiberias)로 불렸다(요 6:1; 21;2). 그리고 긴네렛(Kinneret)이라는 이름은 아마도 그 호수의 가장 오래된 히브리어 이름이었을 것이다(철자가 약간 다르게 표현되는 민 34:11; 수 13:27을 보라). 그 어휘는 갈릴리와 동일한 것, 즉 '하프'(harp)를 의미했던 것으로 보인다. 아마도 이 호수, 혹은 갈릴리 지역 전체가 사발 모양(bowl-like shape)을 하고 있었기 때문이었을 것이다. 게네사렛(Genneseret)이란 이름은 긴네렛의 그리스식 형태인데, 누가가 그리스어를 말하는 자신의 후원자 데오빌로에게 글을 쓰며 그리스식 지명을 사용했다는 것은 어쩌면 당연한 것이다.(눅 5:1). 게네사렛으로 알려진 호수의 서쪽면에는 평원이 있었던 것으로 보이는데, 이 것 때문에 호수가 그 이름을 갖게 되었다.

대략 해발 693피트(약 211m) 아래에 위치한 내륙형 바다인 그곳은 지상에서 가장 낮은 곳에 있는 담수호이다. 그곳보다 더 낮은 곳에 위치한 유일한 수역은 사해(Dead Sea)로 알려진 염분 가득한 호수이다. 두 수역 모두 지상에서 가장 낮은 곳에 위치한 도시 여리고처럼, 땅에서 가장 낮은 저지대인 '요단 단층 골짜기'(Jordan Rifi: Valley)에 있다.

호수 자체는 둘레가 33마일(53km)밖에 되지 않고 고대에는 지금보다도 규모가 크지도 않았다. 그 호수는 두 개의 근원으로부터 물을 공급받는데, 주로 요단강과 몇몇 민물샘이다. 갈릴리바다는 그 지역 민물고기의 유일한 주 어장이고 갈릴리의 식재료 생산을 위해 중요한 역할을 했다. 그래서 이 호수의 서쪽 해안가 촌락이 모두 어촌이 될 수밖에 없었다

> **사도들의 순교**
>
> 베드로와 바울이 언제 로마에서 순교했는지 정확히 모른다. 그러나 A.D. 64년 로마에서 화재가 발생한 후인 60년대 중반부터 60년대 말 사이에 그 일이 발생한 것 같다. 왜냐하면, 네로황제가 그리스도인들을 희생양으로 삼았기 때문이다.
> A.D. 70년 8월에 예루살렘이 로마 군대에 의해 함락될 무렵에는 두 사람이 이미 사망했음이 확실하다. 우리는 요세푸스를 통해 주의 형제 야고보가 A.D. 62년 예루살렘에서 처형되었음을 들었다. 그 일이 일어난 시기는 대제사장이 사안들에 대한 전권을 쥐고 있고 예루살렘교회의 대표를 제거할 수 있었던, 그리고 로마 총독들이 교체되던 공백기였다.

　왜 내가 25세의 젊은 나이에 동굴에서 살게 되었는지 알려 줄게.
　그날은 결코 잊을 수 없는 날이야. 나는 하나님께 도움과 정결을 구하기 위해 안식일 새벽에 회당으로 향했어. 그런데 갑자기, 전에도 그랬던 것처럼, 나는 의식을 잃고 쓰러졌지. 그리고 새 모자이크 바닥에서 발작을 하기 시작했고 입에서는 거품을 물었어. 나중에 주변에 있던 사람들이 그렇게 말해 주었어.
　새 회낭의 관리 책임자인 회당장이 즉시 나를 그 거룩한 장소에서 끌어내려고 마을 사람들을 모았지. 나는 상태가 좋지 않았어. 부정한 데다 심지어 귀신 들린 것으로 여겨진 거지.
　얼마 후 깨어보니 마을 경계석 너머, 묘지 바로 뒤에서 누워 있었어. 나는 넘어져서 타박상을 입고 있었고 어리둥절했지. 나는 빨리 집에 가고 싶었어. 그래서 내가 살던 곳을 향해 언덕을 내려가려고 일어났는데, 묘지를 돌보는 큰 키에 검정 머리카락이 인상적인 남성이 다가와서 내게 말했어.

당신은 다시는 마을이나 회당으로 들어와서는 안 되오. 당신은 귀신 들렸고, 부정하며, 병들었고, 하나님께 저주받았소. 우리는 당신이 마을의 다른 사람들과 성소를 더럽히고 오염시키는 것을 방치할 수 없소. 여기 당신의 옷 가지와 물품이 있소. 이것을 챙겨 어서 떠나시오. 믹달만 아니면 어디든 가도 좋소. 앞으론 여기서 당신은 절대 환영받지 못할 것이오.

그리고 그는 언덕 위로 나를 밀었어. 나는 무엇을 해야 할지 몰라 언덕을 방황하다가 목자들이 양을 치는 곳까지 갔어. 거기서 나는 동굴 하나를 발견했고 그 안에서 멍하니 앉아 있었어. 그리고 목자들에게 겨우 샘물이 어디 있냐고 물었지. 그리고 몇몇 버려진 올리브나무와 무화과나무를 발견하고 그것들로 겨우 끼니를 채웠어.

그 후 이곳저곳 다니는 양치기와 염소지기들을 위해 바느질을 해 주며 빵을 얻었지. 하지만 사람들과의 가끔 있는 이런 접촉 외에는 거의 혼자 살았어. 거미, 전갈, 새, 그리고 들짐승이 나의 유일한 친구들이었지. 나는 완전히 고립되어 살았어.

그러던 어느 날, 어떤 남자가 그 언덕으로 와서, 호수로 내려가는 경사면을 따라 걸어 내려오고 있었어. 그는 석회암 절벽 기슭에 생겨난 작은 샘 옆에 홀로 앉아 있는 나를 발견했나봐.

그 때 나는 샘에서 물을 벌컥벌컥 마시며, 손과 얼굴을 몇 번이고 씻고 있었는데, 그 남자는 샘에서 멈춰 물을 들이키고는 자신의 가죽 물주머니에 가득 채웠어. 그리고 나에게 다가 오는 거야. 나는 그가 해치려고 오는 것 같아 너무 무섭고 두려웠어. 그래서 큰 소리로 비명을 질러 대었지. 공포에 가득 차서 짐승처럼 목소리를 내며 그에게 울부짖었어.

믹달(Migdal)

최근의 믹달 지역의 발굴로, 이 마을이 생선 가공 산업의 허브였다는 상당한 증거를 갖게 되었다. 가룸(Garum)은 선호되는 양념으로 다양한 음식의 풍미를 살리는 데 사용되곤 했다. 고고학자들은 거기서 커다란 생선 저장고를 발견했다. 그 창고 안에서 생선들이 가공 처리되고 절임을 위해 양념 처리된 물 속에 보관되었다. 믹달에 여러 회당이 있었다는 증거가 있다. 믹달에서 발견된 촛대와 손을 씻는 그릇들을 포함한 많은 유대 상징이 새겨진 회당의 테이블은 매우 놀라운 발견이었다.

그 회당 규모는 과거 믹달의 유대인 인구를 학자들이 적게 계산했음을 시사할 만큼 크다. 예수께서는 믹달에 있는 회당에서 설교하셨을 것이다.

사진 2.4. 믹달의 시장에 있는 생선 저장고

사진 2.5. 촛대와 정화의식을 위한 물 항아리가 새겨진 회당 테이블

"나를 괴롭히지 말아주세요,
다윗의 자손이여. 나를 불쌍히 여겨주소서!"
울부짖으며 말하는 내 입에서 침이 흘러내렸어.
예수님은 내게 귀신이 들어 있다고 결론 내리셨나봐. 예수님에 대한 반응은, 내가 하는 것이 아닌, 내 생각과 마음을 지배하는 그 자 혹은 그들의 것이었지. 나중에 예수님은 내 얼굴이 알아볼 수 없을 정도로 일그러졌고 내 전신이 흔들리고 있었다고 말씀해 주셨어. 나는 그 기억이 없지만 말이야. 그 상황에서 예수님은 오른손을 나를 향해 뻗으신 후 위엄에 찬 목소리로 말씀하셨지.
"지금 당장 그녀에게서 떠나라!
그리고 다시는 다시 돌아오지 말라!
전능하신 분의 이름으로 너를 쫓아내노라!"
나는 다시 비명을 질렀지. 나는 경련을 일으키면서 땅바닥에 데굴 데굴 굴렀어. 그런 후 나는 조용해졌고 긴 침묵에 빠져들었지. 그때 그분이 말씀하셨어.
"평강이 있을찌어다!
하나님의 완전한 사랑과 임재가 너의 일생을 지배하길 원하노라!"
이것이 예수께서 그 일 후에 내게 말씀해 주신 이야기야. 나는 귀신들에게서 놓임받았어. 그러나 나는 거의 기억하지 못해.
그때 나는 정신이 돌아왔어. 처음에는 먼 곳을 응시할 뿐이었어. 그리고 울기 시작했어. 그분이 내게 물으셨지.
"아브라함의 딸이여, 너의 이름이 무엇이냐?"
나는 울먹이며 말했어.
"미리암, 믹달 출신의 미리암입니다."
그분은 내가 숨을 고르고 회복될 때까지 나와 함께 앉아 계셨어.

그리고 말씀하셨지.

"오너라, 아브라함의 딸이여!
함께 아래에 있는 너의 마을로 함께 가자.
그리고 네가 온전한 정신을 갖게 되었다고
지역 장로들과 제사장들에게 보증해 주겠노라!"

예수님은 내가 여전히 몸을 떨고 흔들거리자 자신의 지팡이를 내게 넘겨 주셨어. 그리고 우리 두 사람은 아래에 있는 마을로 갔지..

이것이 내가 나사렛 예수를 따르게 된 이유야. 나는 갈릴리에서 줄곧 그분을 따라다니면서 예수님과 제자들의 필요들을 섬겼어.

유월절에 예루살렘으로 가실 때도 그랬고 그분이 잔혹한 로마의 십자가 위에서 돌아가실 때도 그 자리를 지켰지. 그분이 어디에 묻히시는지를 보려고 무덤까지도 따라갔어.

펠라 지역에 있던 그리스도인들에 관한 초기 증거들

두 명의 초기 교부(church fathers)인 유세비우스(Eusebius)와 에피파니우스(Epiphanius)는 여러 곳에서 펠라로 피신한 그리스도인들에 대해 언급한다. 여기에 두 사례가 있다.

전쟁 전 예루살렘에 살면서 계시를 받을 자격이 있는 자들에게 주어진 계시를 통한 신탁에 의하여 예루살렘교회에 속한 이들에게 펠라라는 이름의 베레아(Perea) 지역의 도시들 중 하나로 떠나 그곳에 머물라는 명령이 주어졌다. 그 계시는 예수님을 믿고 예루살렘으로부터 떠나 이주한 이들에게 주어진 것으로 거룩하신 분께서 전적으로 유대인들의 왕이 머물던 도시와 유대 땅 전체를 버리셨을 때, 그리스도와 그분의 사도들을 대적했던 그들의 모든 범죄로 인해 그 버리신 땅에 마침내 하나님의 심판이 휘몰아치게 될 것이며 사악한 모든 세대가 완전히 도말될 것이라는 내용이었다(Eusebius, *Church History*, 3.5). [a]

그 도시가 로마 군대에게 점령되어 약탈될 때, 한 천사가 완전한 멸망

할 운명의 도시를 떠나도록 모든 제자에게 경고했다. 그 도시에서 이주하자마자 그들은 요단강 건너편에 있는 이미 언급된 도시인 펠라에 정착했다. 그 도시는 데가볼리(Decapois)에 속했다고 말해졌다(Eusebius, *On Weights and Measure*, 15).[b]

유세비우스의 보고는 훨씬 후대이며(약 A.D. 325년) 에피파니우스가 유세비우스보다 이른 시기에 보고했기에 유세비우스가 설명한 전승의 진실성을 의심할 합리적인 이유는 없다.

가장 이른 시기의 그리스도인들의 운동은 아가보(Agabus) 같은 다양한 선지자들을 포함하며, 한 세대(40년) 안에 발생할 예루살렘의 멸망에 관한 예수 자신의 경고의 관점에서 예루살렘의 유대인 그리스도인 공동체 안에 속한 후대의 선지자적 인물들이 예수의 경고를 반복했다고 생각된다. 누가복음 21:20-21에서 우리는 이렇게 읽는다.

너희가 예루살렘이 군대들에게 에워싸이는 것을 보거든 그 멸망이 가까운 줄을 알라 그때에 유대에 있는 자들은 산으로 도망갈 것이며 성내에 있는 자들은 나갈 것이며 촌에 있는 자들은 그리로 들어가지 말지어다 (눅 21:20-21).

---

[a] Eusebius, *The Ecclesiastical History*, vol. 1, trans. Kirsopp Lake (Cambride, MA: Harvard University Press, 1949), 201.

[b] *Epiphanius's Treatise on Weights and Measure: The Syriac Version*, ed. James Elmer Dean (Chicago: University of Chicago Pres,1935)에서 차용한 번역. www.ccel.org/ccel/pearse/morefathers/files/epiphanius _ weights _ 02 _ intro.htm.

안식일 후 하루하고 반나절이 지난 다음에 다른 여인들과 함께 그분의 시신에 향유를 바르기 위해 무덤에 갔었어.

그런데 돌문이 굴려져 있었고 시신은 온데간데없지 뭐야!

그때 내 인생에서 가장 충격적인 일을 보았어!

그분이 '미리암' 하고 내 이름을 부르시더니 불현듯 그 동산에서 계셨어!

절대로 유령이 아니었다고!

그리고 그분은 내게 말씀하셨지.

"나를 붙잡지 마라. 대신, 가서 내 형제들에게 전하라."

나는 그대로 했어. 그들은 자신들의 눈으로 예수님을 직접 보기 전까지는 내 말을 믿지 못했지.

그러나 누가 그들을 비난할 수 있겠어?

우리는 성령의 능력을 입을 때까지 예루살렘에 머물렀어. 그리고 바로 성령으로 우리는 주님의 증인이 되었던 거야.[1]

이제 그 샘에서 올려다보면서 미리암은 그 도시를 향해 다가오는 단정치 못한 한 무리의 여행자들을 보게 되었다.

"안녕하세요?

당신들은 어디에서 오는 길이에요?"

무리 중의 한 남성이 누군지 보려고 고개를 들었다.

"다른 모든 사람처럼 예루살렘에서 오고 있소. 예루살렘이 파괴되고 있다오."

그는 양손으로 재빨리 머리를 빗어넘겼지만, 머리는 더 헝클어져 보였다. 그리고 미리암을 슬쩍 보더니 그녀에게 악의가 없음을 알고 그녀에게 질문하기 시작한다.

"내 이름은 야손(Jason)이오. 이 사람들은 내 식구요.

이 마을에 우리가 당분간 머물 수 있는 여관이 있겠소?

우리는 목숨만 겨우 건져, 가진 것이 별로 없소. 로마 군인들은

---

[1] 당신이 이 이야기에 대해 더 자세히 듣고 싶다면, Ben Witherington III, *The Gospels of Jesus* (Nashville: Seedbed press, 2014)를 보라.

예루살렘 주위의 나무들까지 베었다오. 성벽들을 부수고 성전 경내에는 불을 놓았소."

"야손! 어떤 식으로든 당신들을 도울 수 있어 기뻐요. 저는 미리암이에요. 그리고 나에겐 텐트가 있으니, 당신들도 내 작은 집 뒤로 텐트를 칠 수 있도록 하겠어요."

미리암은 왼쪽 위를 향해 가리키면서 말했다.

"나와 함께 식사를 하는 것도 환영입니다. 당신들은 유대인들인가요?"

"그렇소, 우리는 유대인들이오."

그의 그리스식 이름에 때문에 미리암이 여전히 의심하고 있음을 알고 야손이 말했다.

"이쪽은 내 아내 사래(Sarai), 내 조카 아론(Aaron)이오."

미리암은 그 사람들이 매우 젊기에 아마도 이십 대일 거라고 짐작했다. 그녀는 그들이 자신을 악의 없는 유대인 노파로 대하고는 있지만, 여전히 그들은 겁에 질린 듯 보였다.

그래서 그녀는 그들에게 몇 가지를 더 말하며, 안내해 주었다.

"잠깐 씻으신 뒤에 물주머니에 신선한 물을 채우세요.

그리고 저 언덕 위의 내 집으로 올라오세요.

조금 쉬었다가 예루살렘에서 일어나는 일들을 듣고 싶네요."

그녀는 예루살렘의 함락 후 이야기가 너무나 슬픈 상황임을 이미 알고 있었다. 예수님이 그녀와 다른 제자들에게 성전을 중심으로 한 유대인들의 세상이 끝날 것이라고 경고하셨기 때문이다.

아마도 이것은 세상의 끝은 아닐지라도, 그녀와 유대민족의 세상은 확실이 끝났다는 것을 의미한다.

3

예루살렘의 딸들

예루살렘에서 나오는 소리는 소름끼칠 정도였다. 성전 경내가 침략당한 지 이제 이틀째. 마리아, 마르다, 요안나는 베다니의 창문 없는 자신들의 집을 떠날 엄두를 내지 못했다.

그들을 보호해 줄 어떤 남자도 없었다. 마리아와 마르다의 오빠 엘리에셀은 여러 해 전에 예수의 어머니와 함께 예루살렘을 떠나 소아시아 지방으로 갔다. 마르다는 에베소에 살고 있는 그들의 소식을 가끔씩 들을 뿐이었다.[1]

두 자매는 평생 베다니라는 작은 마을에서 결혼도 하지 않고 함께 살았다. 그것은 어느 정도 문둥병으로 죽은 아버지 시몬 때문이었다. 마을 사람들은 그 남은 가족들도 그 병에 감염되었을지도 몰라 두려워했기 때문이다.

아침 일찍 마르다는 물을 얻기 위해 위험을 무릅쓰고 샘으로 가기로 결심했지만 쉽지 않은 일이었다. 왜냐하면 거의 모든 유대인의 발걸음이 반대 방향으로 가고 있었기 때문이다.

---

1 나사렛 이야기와 예수의 어머니를 돌보았던 주의 사랑하는 제자와 그를 동일시하는 견해와 그들이 마침내 에베소로 갔다는 이야기에 관해서는 Ben Witherington III, *What Have They Done with Jesus?* (New York: Harper, 2006)를 보라.

그러나 마르다는 친구 나오미를 발견하였고, 둘은 물 항아리를 머리에 인 채 샘 쪽으로 길을 재촉했다. 그들은 로마 군인들이 두 노파를 무시할 것이라고 생각했고 그 생각은 옳았다. 로마 군대는 그 도성을 지키고 성전 경내를 약탈하는 데 여념이 없었다.

그들이 실로암 연못에 도착했을 때 야위고 수염이 난 노인을 발견했다. 그는 낡고 색이 바랜 잿빛 누더기 옷을 입고 연못 근처에 앉아 있었다. 그는 자기 이야기를 들으려는 사람이면 누구에게든 말을 하고 싶었다. 그는 감람산 근처에 앉아 그 도성의 멸망을 목격했다고 주장했다.

마르다와 나오미는 물 항아리에 물을 채운 후 그의 이야기를 듣기 시작했다.

성전이 불에 타는 동안 로마인들은 가능한 한 모든 것을 약탈했소. 그들이 사로잡은 수천 명의 사람이 나이와 지위를 불문하고 살육을 당했소. 아이들과 노인들, 하층민과 제사장들이 모두 같은 방식으로 죽임을 당했다오. 내가 앉은 곳에서 바라보았을 때, 도시 전체가 불에 타고 있는 것처럼 보였소. 당신들은 그 소음보다 더 크고 끔찍한 어떤 것도 상상할 수 없을 것이오. 로마 군단의 고함소리에다 불과 군인들에 둘러싸인 반란군과 열심당원들의 절규 말이오. 성내의 외침은 성전산에 있던 사람들의 비명소리와 합쳐졌다오. 많은 사람이 이미 기근으로 기진맥진한 상태였지만, 성전이 불에 타는 것을 지켜보면서 탄식과 울음을 주체할 수 없었소. 게다가 산들이 그 소리를 훨씬 더 증폭시켰다오.

당신들은 시체가 쌓인 땅바닥을 차마 내려다볼 수도 없었을 것이오. 군인들은 시체 더미를 짓밟으며 탈출하려던 사람들을 뒤쫓았지요. 성전 안뜰의 강도들은 바깥뜰을 통해 성안으로 들어갔소. 그 와중에 주민들은 바깥뜰로 도망갔소. 그들은 제사장들 중 몇몇이 성전 난간의 납못들을 뽑아 로마 군인들을 향해 다트처럼 던졌다고 말했소.

노인의 검은 눈이 희미해졌다.

그러나 제사장들은 로마 군인을 멈추게 할 수는 없었소. 불길이 그들을 덮쳐오자 그들은 벽으로 물러났다오. 이것은 내가 두 눈으로 똑똑히 본 것인데, 그들 중 두 사람이 로마 군인들에게 붙잡히는 대신 스스로 불 속으로 뛰어들었소. 그들은 벨가스(Belgas)의 아들 메이루스(Meirus)와 달레우스(Daleus)의 아들 요셉이라고 하오.[2] 소문을 들으니, 열심당원들 중 많은 사람이 지난밤에 탈출했고 헤롯 성채인 마사다(Masada)로 향했다더군요.

"우리 세상이 진정 끝나가고 있군요."
요안나가 말했다.
마르다는 머리를 끄덕였고 눈에는 눈물이 고였다.
마르다가 말했다.

로마 사람들은 앞으로도 응징을 멈추지 않을 거에요. 예루살렘을 점령하기 위해 그들은 엄청난 노력과 시간, 그리고 병력을 소모하였어요. 그들은 최대한도로 복수에 나설 겁니다. 어쨌든 디도는 그 도시를 함락시킬 전투에서 여러 차례 패배했기 때문이죠.

---

2   이 표현은 *Jewish Wars*, 6. 271에 있는 요세푸스 자신의 증언적 진술의 의역이다. 이는 시카고대학교의 '페르세우스 프로젝트'(Perseus project)에서 번안된 것으로, 그들의 웹사이트, http://perseus.uchicago.edu/perseus-cgi/citequery3.pl?dbname=GreekTexts&getid=1&query=Joseph.BJ 6.271에서 접근 가능하다.

그 노인이 말했다.

"그래요. 그는 여러 번 패했지요. 나는 디도가 자신의 개선 행진을 위해 얼마나 많은 유대인을 로마로 끌고갈지 걱정이 된다오."

한동안 말이 없던 마르다가 말했다.

"이것은 마치 우리의 조상들이 바벨론에 포로로 끌려가던 때와 같습니다. 좋은 소식은 다가올 또 하나의 왕국이 있다는 것이고, 어떤 제국도 그 나라를 막을 수 없다는 거에요."

"아아! 그러나 그 나라가 언제 올까요?

그리고 우리는 그것을 어떻게 알 수 있을까요?"

그 나이 든 남자가 물었다.

"한 유대인이 '유대인의 왕'이라 쓴 팻말이 달린 로마의 십자가에 달린 것을 볼 때 그날이 가까웠음을 알게 될 거에요."

이 말을 하고 마르다는 머리에 물 항아리를 이고 베다니를 향해 발걸음을 옮기기 시작했다. 그 노인은 잠시 조용하더니 뒤에서 그녀를 불러 물었다.

"그 일은 이미 한 세대 전에 일어나지 않았소?

그래요, 소위 왕이라던 자와 그의 나라는 지금 어디 있나요?"

마르다는 반쯤 몸을 돌린 후 힘주어 말했다.

"하나님과 그분께 영광이 있기를!"

그 남자가 외쳤다.

"그 말은 십자가 위에서 당한 수치스럽고 공포스러운 죽음 후에 하나님이 그를 참되다고 증명했다는 의미가 아니오?"

"정말 그렇지요."

마르다가 옅은 미소와 함께 말했다.

로마의 개선식(Triumphs)과 디도의 아치(Arch of Titus)

로마의 포럼(Forum-로마의 공회용 광장-역주) 근처에 있는 디도의 아치 위에는 A.D. 71년 로마의 거리를 행진하면서 예루살렘성전에서 가져온 촛대(menorah)뿐 아니라 다른 전리품들을 옮기고 있는 로마 군인들을 묘사하고 있는 조상(彫像)이 있다.

로마의 "개선식"은 공식화된 승리 기념식이었다. 우선, 로마 상원이 개선식을 승인해 주어야 했다. 우리 시대의 퍼레이드들처럼 로마의 개선식은 어떤 장군의 승리를 그리는 장식용 수레들을 포함했고 그 장군은 훈장을 주렁주렁 매단 채 전차에 올라타고 행진했다.

그의 군대들은 그 도시 도로를 관통하며 전리품을 끌고다녔고 마지막은 포승줄에 묶인 포로들이 뒤따랐는데, 그들은 "키르쿠스 막시무스"(circus maximus, 로마의 최대 전차 경주장-역주)로 끌려가거나 혹은 나중에 콜로세움으로 끌려가 학살당할 운명이었다. 어떤 유대인 포로들은 들짐승들에게 던져졌고, 다른 유대인 포로들은 검투사와 싸웠다.

고린도후서 2:13-17에서, 사도 바울은 스스로를 그리스도의 개선식의 포로로 말한다.

항상 우리를 그리스도 안에서 이기게 하시고 우리로 말미암아 각처에서 그리스도를 아는 냄새를 나타내시는 하나님께 감사하노라 우리는 구원 받는 자들에게나 망하는 자들에게나 하나님 앞에서 그리스도의 향기니 이 사람에게는 사망으로부터 사망에 이르는 냄새요 저 사람에게는 생명으로부터 생명에 이르는 냄새라(고후 2:13-17).

마찬가지로, 고린도전서 4:9-11에서 그는 다음과 같이 쓴다.

내가 생각하건대 하나님이 사도인 우리를 죽이기로 작정된 자 같이 끄트머리에 두셨으매 우리는 세계 곧 천사와 사람에게 구경거리가 되었노라(고전 4:9-11).

사진 3.1. 디도의 아치

사진 3.2. 디도의 아치에 있는 로마 군인의 부조

4

슬픔과 비통함

예루살렘이 함락된 지 삼일째, 로마 군대는 저항 세력을 몰아내고 자신들의 승리를 굳히고 있었다. 하지만 그들에게는 또 다른 임무가 있었다. 8월 중순의 열기 속에 첩첩이 싸인 시체들은 서로 포개진 채 있었고, 전투 잔해의 악취는 이미 그 도성에 퍼져나가고 있었다.

로마 군인들은 자신들이 뒤처리를 해야 한다는 것을 알았다. 이것은 약탈이나 로마로의 복귀 행렬과는 다른 문제였다. 디도와 그의 정예군에게는 행진의 영광이 있겠으나 유대 지경에 주둔한 군단들은 그럴 처지가 못되었다.

거리마다 군인들이 숨어든 적의 전투원들을 찾아내려고 가가호호 수색했다. 다른 군인들은 참호를 파서 시신들을 던져 넣은 후 그 위에 석회를 뿌리고 묻어버렸다. 오래도록 타던 불도 꺼졌다.

유대인 정보원들은 요한, 시몬, 그리고 다른 열심당원 지도자들의 행방을 털어놓도록 심문과 고문을 받았다. 의심스러운 지역들은 출입을 통제하고 수색했다.

요시아(Josiah)라는 걸인은 렙돈(lepton) 몇 개가 들어 있는 그릇을 흔들며 다메섹 문에 자주 앉아 있곤 했다. 그러나 이가 없는 그 노인이나 돈을 구걸하는 그의 외침을 주목하는 사람은 거의 없었다. 요시아는 눈이 멀지도 절뚝거리지도 않았지만, 그의 주름지고 야윈 모습과 간절한 요청은 용케도 몇몇 사람의 동정심을 얻게 했다.

렙돈과 고대 세계의 경제적 실제

유대에서 사용된 모든 동전 중에 가장 작은 가치를 지닌 것이 렙돈(lepton, 복수형 'lepta')으로 양쪽 면에 부조가 새겨진 작은 구리 동전이었다. 이것은 복음서에서 과부가 예루살렘 성전의 헌금함에 넣은 바로 그 동전으로, 예수께 헌금에 대한 사례를 제공했던 것이다.

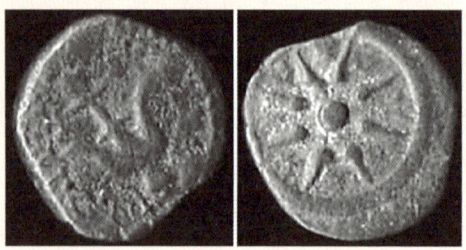

사진 4.1. 청동으로 된 과부의 동전 혹은 렙돈

한쪽 면의 이미지는 등잔이고 반대쪽 면에는 태양 혹은 별이 새겨져 있다. 일반적으로 유대인들은 동전의 양면에 있는 인간 형상이나 "새겨진" 형상이 있는 동전들을 승인하지 않았다. 따라서 율법을 엄격히 준수하는 유대인들은 가이사의 형상이 새겨진 황제의 동전들을 사용하는 것에 반대했다.

예수 시대의 유대 세계에서 돈은 본질적으로 부정적인 면을 연상시켰는데, 돈은 보통 살아 있는 이방인 통치자를 위한 선전용으로 기능했기 때문이다.

이 동전들은 보통 세금, 통행세, 공물, 그리고 십일조에 사용되었다. 그리고 이러한 특징이 동전의 부정적 가치를 부각시켰다. 고대 세계의 경제는 돈에 지배되기보다는 교환(barter)과 후원 관계(patronage) 및 상호 호혜(reciprocity)라는 문화를 지향했다.

요시아는 전쟁이 끝난 지금, 무언가 값나가는 것을 찾을 수 있기를 바랐다. 천천히 성전의 서쪽 옹벽을 향해 내려가면서 그는 아직도 성전산에서 피어오르는 연기 때문에 매캐한 아침 공기를 들이마셨다.

몇몇 디도의 군인들이 성전 헌금함에서 녹아내린 금이나 심지어 그 모든 돈과 제사용 그릇들과 함께 화염에 휩싸여 버린 헌금함 자체를 찾기 위해 큰 돌들을 들추었다는 소문을 그는 들었다.

쥐들이 깨진 돌조각 사이로 이리저리 뛰어다녔고 독수리들은 인간의 살점을 놓고 서로 싸웠다. 값나는 것을 찾기에 앞서 호기심이 발동한 요시아는 피해가 어느 정도인지 살피려고 성전산 꼭대기로 올라갔다. 그가 본 광경은 가히 그와 같은 노인조차 두려워하게 할 정도였다. 나중에, 그는 친구들에게 이렇게 말하곤 했다.

> 불타버린 성전을 보고 나는 로마 군인들이 태울 수 있는 모든 것에 불을 놓기로 결심했던 것이라 짐작했어. 주랑(柱廊)들과 대문들까지. 동남쪽에 있는 것들만 제외하고 말이야. 불에 탄 모든 것은 연기만 피우고 있었고 다른 모든 것은 검게 그을렸지.
> 성전의 헌금함도 마찬가지였어! 그 안에 금, 은, 좋은 옷, 값나가는 귀중품들이 얼마나 많은지 생각이나 해 봤어?
> 오, 나는 오래 전에 부유한 시민들이 성전의 안전한 곳으로 그들의 보물을 옮기는 것을 지켜본 적이 있지. 그러나 이제는 모든 것이 사라져 버렸어![1]

요시아는 농부이자 선지자였던 아나니아의 아들 예수(Jesus son of Ananias)가 말하던 것을 회상했다. 그는 이 대재앙에 앞서 예루살렘

---

[1] 이것은 『유대 전쟁사』, 6.281-282에 있는 요세푸스의 진술에 근거한 것이다.

에서 7년 넘게 예언하던 자다. 그는 성전 경내에 서서 외치곤 했다.

"동쪽에서 들리는 소리여!

서쪽에서 들리는 소리여!

사방에서 들리는 소리여!

예루살렘과 성소를 대적하는 소리여!

신랑과 신부를 대적하는 소리요!

모든 백성을 대적하는 소리로다."[2]

예루살렘 주민들의 항의와 통치자 알비누스(Albinus)의 매질에도, 아나니아의 아들 예수는 계속 외쳤다.

"예루살렘에 화가 있으리라!"

그의 외침은 축제들이 있을 때 가장 크게 들렸다. 마지막으로, 그 도시에 대한 포위 공격이 시작되자 그는 덧붙였다.

"나에게도 화가 있으리라!"

요시아는 로마 군대의 투석기에 날아온 거대한 돌에 맞은 아나니아의 아들 예수가 그 자리에서 죽었다는 소식을 들었다.

요시아가 앉아 있던 자리에서 내려오려고 몸을 돌리자 몇몇 군인들이 자기들의 군단 깃발을 동문 맞은편에 있는 성전 뜰 안에 세워둔 것을 보았다. 그는 그들이 자신들의 신에게 제사하는 것을 안전한 장소에서 계속 지켜보았다.

그 후에 그들의 최고 사령관이자 정복 전쟁의 영웅인 디도의 이름을 환호하는 함성이 들려왔다. 분명히 항복했거나 숨어 있다가 수색 끝에 발견된 한 무리의 제사장들이 의자에 앉은 한 사람 앞에 열을 지어 서 있었다.

---

[2] 『유대 전쟁사』, 6.301-302.

'저 사람이 디도인가?'

요시아는 주목하여 지켜보다가 … 숨이 턱 막히고 말았다. 제사장들이 그 자리에서 처형되는 것을 보고는 위장이 뒤집히는 것을 느꼈다. 그러나 그들 중 한 사람을 풀어줬다.[3]

'저건 무슨 뜻이지?'

"아, 그래서 결국 이렇게 된 것이구나!"

요시아가 나직이 말했다.

아나니아의 아들 예수가 말한 것처럼, 하나님은 그의 성전, 그의 도성, 그의 백성을 버리셨고 이제 그들로 로마의 분노를 맛보게 하셨다. 주름살 많은 늙은이는 털썩 주저앉아 울음을 터뜨렸다. 그가 이 도성에서 살던 모든 삶의 흔적이 단 며칠 만에 사라져 버렸다. 예루살렘에서 하던 그의 걸식 생활도 이제 끝났음이 분명했다.

'이스라엘 백성은 이 충격에서 회복이 될 수 있을까?'

이날, 콧속을 후벼 파는 썩은 살점의 악취를 맡으며 성전산의 화염에서 아직도 뿜어나오는 연기 때문에 눈물이 맺히면서도, 그는 시온의 미래는 볼 수 없었다. 아무것도 남지 않았다.

그는 자신의 동냥 그릇에 모아 둔 가장 최근의 동전들 몇 개를 꺼내 보았다. 하나는 폭동 기간 동안 반란군들이 주조한 것이었다. 그 동전에는 다음과 같은 히브리어 글귀가 새겨져 있었다.

"시온의 자유를 위하여"(For the Freedom of Zion).

그는 동전을 멀리 던져버리고 흐느꼈다.

---

[3] 살아남은 제사장은 테부티(Thebuthi) 출신의 예수였다. 그는 남아 있던 성전 보물들의 얼마를 넘겨준 일에 대한 보상으로 디도의 보호를 받았다. 그가 넘긴 항목에는 두 개의 등잔, 테이블들, 금 그릇들, 금으로 된 단단한 큰 그릇, 제사장의 의복들, 다양한 보석들, 그리고 심지어 성전 휘장뿐만 아니라 제사에 쓰이던 다른 물건들이 포함되었다. 『유대 전쟁사』, 6. 387-389.

5

렌틸콩과 문인방 이야기

    요안나, 마리아, 그리고 마르다에게 남은 질문은 위험을 무릅쓰고 도피할 것인지 시간을 두고 더 기다릴 것인지였다. 그들은 당분간 기다리기로 결정했다. 늙은 여인들이 반란군을 숨겨주거나 그들의 행방에 대한 중대한 정보를 가진 것처럼 의심받지 않는 한, 그 여인들에게 시간을 낭비할 로마 군인들은 거의 없을 것이었다.
    "이제 우리 어디로 가야지요?"
    강조하는 제스처를 하면서 마르다가 물었다.
    "이제 유대와 갈릴리 온 땅에는 로마 군인들이 우글거리지 않을까요?
    그들은 아마도 최고조의 경계를 펴고 있을 겁니다. 한 번의 실수도 치명적일 수 있어요."
    "그렇다면 우리는 이 지역을 완전히 벗어나야 합니다. 아마도 요단강을 건너가야겠지요."
    마리아가 침착하게 대답했다.
    "우리는 예언을 따라서 펠라로 가야 합니다. 알다시피 몇몇 친구들과 그 도(the Way)를 따르는 사람들이 가고 있다고 말했던 곳이 바로 그곳이에요."

사안이 발생하면 며칠을 충분히 의논하여 결정하는 것이 이번이 처음이 아니었다. 그러나 그들은 그 주제로 계속 돌아가고 있는 것처럼 보였다.

"당신은 정말로 그 예언을 믿어요?"

마르다가 물었다.

"성경 본문 어디에서라도 펠라에 대해 읽어본 적이 있나요?

주님께서 그 도시에 대해 언제 언급하신 적이 있던가요?

그분은 요단 계곡(Jordan Valley)이 아니라 산으로 도망하라고 말씀하지 않으셨나요?

그것은 느보산과 같은 그런 산을 의미하신 것이 아닐까요?

내가 생각하기에 그 예언들은 너무 모호합니다."

요안나가 끼어들었다.

"그렇지만 예루살렘의 미래는 없어요. 로마 사람들은 떠나지 않을 겁니다.

여기에서 우리 미래가 있을까요?

우리는 떠나야 해요!"

갑자기 문을 탕탕 두드리는 소리가 들렸다. 세 여인들은 공포가 담긴 눈으로 서로를 바라보았다, 마르다가 먼저 반응했다.

"자! 빨리 큰 외투를 걸치세요. 그리고 저기에 누가 있든 나는 이곳에는 병든 여인들만이 있다고 말할 겁니다. 약하고 주름 가득한 나를 한번 훑어보고는 내 얘기를 믿게 될 거에요."

마리아와 요안나는 어떤 질문도 대꾸도 없이 마르다의 지시대로 행했다. 마리아는 재빨리 머리를 풀어 거칠게 흔들어 가닥이 꼬이게 만들었다.

그녀는 의도적으로 자신의 얼굴을 할퀴어 상채기를 낸 후, 강력한 향신료 중 얼마를 강하게 코로 빨아들여 눈에 눈물이 고이게 했다. 그러는 동안 문을 계속 두드렸다. 그리고 깊은 목소리로 소리쳤다.

"이 문을 지금 즉시 열지 않으면 문을 박살내겠어!"

마르다는 자기가 할 수 있는 최상의 그리스어로 소리쳤다.

"들어오세요!"

요안나가 그녀의 팔을 잡고 속삭였다.

"문 쪽으로 당신과 같이 가는 게 좋겠어요. 내가 라틴어를 알거든요."

동의의 의미로 머리를 끄덕이며 마르다는 문 위에 있는 걸쇠를 들어 올려 문을 열었다. 그 군인은 문이 열릴 때까지 두드리기 위해 여전히 주먹을 들고 있었다. 그가 물었다.

"이 집에 누가 살고 있지?"

그는 마르다보다 적어도 30센티미터 이상 키가 컸다. 그녀가 대답하려고 올려다보자 그는 뒤로 물러서며 숨이 막힌 듯한 자세로 물었다.

"도대체 무슨 일이야?

전염병이라도 걸린 것이냐?"

"이곳은 수년 전에 문둥병으로 죽은 문둥병자 시몬의 집입니다. 내 동생 엘리에셀(Eliezer)도 그 병으로 죽었지요. 우리는 건강이 좋지 않는 세 여인들에 불과합니다. 우리한테 너무 가까이 오지 않는 게 좋을 겁니다."

요안나와 마리아가 문 쪽에서 마르다와 합류했다.

마르다가 그를 불러들이며 말했다.

"안을 들여다보시지요. 보시다시피 여기는 우리 외에 아무도 없습니다."

"알았어."
백부장이 자신의 붉은 어깨 망토로 입을 가리면서 말했다.
"우리가 봐도 너희 건강이 나쁘다는 것을 알겠어. 안녕히!"
그와 두 동료는 신속하게 그곳을 떠나갔다.
"갑자기 생각이 났어요!"
그들이 문을 닫아 빗장을 건 후 요안나가 미소를 띠며 말했다.
"음, 그리고 사실이지 않아요?
이 집에는 확실히 나병(leprosy)이 있었어요. 그리고 그것이 없더라도 보기에 우리도 나병환자처럼 보이지 않나요?"

◆ ◆ ◆

야손은 닭들이 땅바닥을 박박 긁으며 우는 소리에 잠이 깼다. 미리암의 집 뒤쪽에 세워진 텐트에서 나온 그는 그녀가 덮개가 없는 불 위에다 커다란 수프 냄비를 휘젓고 있는 모습을 보았다. 그 냄새는 자신의 허기진 배를 심하게 자극했다.
"아주 맛있는 냄새군요.
그것을 렌틸콩으로 만든 수프인가요?"
야손이 물었다.
"그래요. 내가 가장 좋아하는 향신료가 들어갔지요."
미리암은 칭찬의 말에 환하게 웃었다.
"너무 배가 고프군요. 에서처럼 그 수프를 얻을 수 있다면 내 장자권을 팔 수 있을 것 같아요."
미리암은 크게 웃으며 말했다.
"그럴 필요까지는 없어요."

사래가 텐트에서 나왔고 망토가 그녀 머리를 감싸고 있었다. 작은 두 아이가 눈을 비비며 그녀를 따라 나왔다.

"사래! 선반에서 대접 두 개만 갖다줄래요?"

"그리고 스푼 몇 개도."

"기꺼이 그러죠."

사래가 말했다.

"수프의 냄새가 훌륭하군요. 그 수프를 어떻게 만드는지 알려주셔야 해요."

모두가 냄비가 놓인 곳 주위로 놓인 작은 돌 위에 모여 앉은 채 각각 자신의 대접을 들고 있었다. 미리암이 말했다.

"야손! 하나님께 식사 기도를 드려줄래요?"

야손은 대접을 내려놓고 일어서서 손을 높이 들고 말했다.

찬양을 받으소서!
오! 주님, 우리의 하나님, 우주의 왕이시여.
당신께서 땅으로부터 빵을 내셨나이다. 아멘!

미리암은 빵도 옆으로 건네주었다. 다들 후루룩 소리를 내며 만족스럽게 먹었다.

"이제 함께 떡을 떼며 당신의 이야기를 들려주시겠어요?"

미리암이 말했다.

야손은 스푼을 내려놓았다.

말할 거리는 많지 않아요. 사래와 나는 예루살렘 근처 아리마대라는 마을에서 왔어요. 모든 사람처럼 혼란을 피해 달아나는 중이었지요. 예루살렘에서 오셨다면 당신은 저의 삼촌인 요셉을 잘 기억하실 것입니다. 그분은 산헤드린의 회원이었고 약 10년 전쯤에 우리 조상들에게로 돌아가셨지요. 저는 당신이 문인방(門刃枋, lentel)에 메주자(mezuzah) 대신 물고기 표식을 둔 것을 보았습니다. 그래서 나는 당신이 요셉처럼 예수(yeshua)를 따르는 사람임에 틀림없다고 생각했던 것이지요.

미리암은 순간 깜짝 놀랐다. 하지만 이내 용기를 내어 말했다.
"맞아요. 저는 예수님의 제자입니다. 한때 주님의 여제자들의 리더였어요."
"그런데 당신은 익투스(Ichthus)를 어떻게 아세요?"
야손이 그녀를 안심시키면서 미소를 지으며 말했다.
"요셉 삼촌의 영향으로 아내와 저도 수년 전에 주님의 제자가 되었기 때문입니다. 여기 펠라에 주님을 따르는 다른 이들이 있다고 들었습니다. 그것이 우리가 여기에 오기로 결정한 이유랍니다."
미리암은 안도의 한숨을 내쉬었다.
"그렇다면 당신 일행을 저와 제 집으로 인도하신 분이 주님이셨군요. 우리는 여기 펠라에 작은 그리스도인 모임을 갖고 있답니다. 아리스토볼루스(Aristobolus)의 집에서 만나는데요, 그는 광장 위쪽 저 언덕 길 건너편에 살고 있답니다."
"더 주세요."
엄마 옆에 앉아 있던 키 작은 요나가 끼어들었다. 그의 외투 위에는 이기 수프 방울을 흘러내리고 있었다. 미리암은 그에게 수프를 더 떠주면서 미소를 지었다. 마침내, 그녀는 펠라에서 그리스도를 따르는 친구 몇 명을 얻게 된 것처럼 보였다.

익투스(Ichthus), 물고기 표식

그리스어 익투스(*ichthys*)는 초기 교회 시대 이래로 그 자체의 의미로서뿐만 아니라, 그리스어 어휘 "이에수스 크리스토스 데우 휘오스 소테르"(*Iēsous Christos, Theou Huios, Sōtēr*['Ιησοῦς Χριστός, θεοῦ Υἱός, Σωτήρ]), 즉 "예수 그리스도, 하나님의 아들, 구세주"의 약어로 간주되었다. 학자들은 "물고기"에 대한 그리스어 어휘의 상징적 사용이 초기 그리스도인들에게 소급될 수 있는지 여부를 놓고 논쟁 중이지만, A.D. 3세기의 한 그리스식 무덤의 비문이 새겨진 현판(stele)에서 증명되는 것처럼, 우리는 그 표식이 대중적으로 사용되었다고 확실히 말할 수 있다.

사진 5.1. 현판은 보통 기념적인 목적으로 비문이 새겨진 돌로 만들어진 석판 혹은 기둥이었고 종종 묘비석을 나타내기도 한다

루시니우스 아미아스(Lucinius Amias)의 현판은 아마도 3세기 초의(그리하여 콘스탄틴 시대보다 앞선) 것으로 추정되며 머리 부분에 있는 비문에는 "살아 계신 분의 물고기"(Fish of the Living)라고 새겨져 있다. 두 마리의 고기에 닻이 하나 더 있는데, 그 또한 매우 이른 시기의 기독교의 상징이었다.

터툴리안(Tertullian)은 "세례에 관하여"(On Baptism)라는 논문에서 다음과 같이 언어유희를 하고 있다.

"우리, 작은 물고기들은, 우리의 익투스(ΙΧΘΥΣ) 예수 그리스도의 모범을 따라, 물 속에서 태어났다."a

'물고기' 어휘에 대한 이 언어유희는 고고학적 증거와 잘 상응한다. 예를 들면, 물고기 상징이 매우 이른 시기부터 그리스도인들에게 알려져 있었다는 것은 카펠라 그레카(Cappella Greca)와 성 칼리스토(Saint Callistus)의 지하묘지의 성체성당(Sacrament Chapel) 같은 로마의 기념비적 자료들로부터 추론할 수 있다.

---

a   Tertullian, "On Baptism 1," in *Ante-Nicene Fathers 3*, ed. Alexander Roberts and James Donaldson, trans. S. Thelwall (Buffalo: Christian Literature Company, 1885-1896; Peabody, MA: Hendrickson, 1994), 669.

6

레위의 탈출

레위는 지칠 대로 지쳐 있었다. 모든 뼈마디는 뻣뻣했고 모든 근육은 욱신거렸다. 그는 시온산에 있던 자신의 집 뒤에 있는 저수조(이제는 거의 말라버린)의 모든 특징을 상세히 파악할 수 있을 정도가 되었다.

때는 예루살렘 약탈 후 3일째 되는 날 저녁 무렵이었다. 레위는 저수조에 있던 소량의 물을 이미 다 마셔버린 터였다. 이 좁고 비좁은 저장고가 그의 목숨을 살렸다. 그러나 저장고 위의 소음, 냄새, 그리고 혼돈 상황은 그의 신경을 곤두서게 하면서 뇌리를 떠나지 않았다.

수년 동안 레위는 시온산에서 살았다. 그리고 성전에 자주 다니는 동안 그는 점차 주님을 따르는 이들의 비밀 회합에 더 많이 참여하게 되었다.

예수님의 형제인 야고보가 약 8년 전에 순교했을 때 어떤 이들은 예루살렘 공동체가 사라질 것을 두려워했다. 그러나 그 공동체는 사라지지 않았다. 부분적으로는 예수의 직계 제자 중 일부가 반대에도 불구하고 예루살렘에 머물렀기 때문이다.

그러나 이제는 이 충격적인 사건들로 인해 예루살렘은 그 누구를 위해서도 종교적 안식처(religious home)로 남아 있지 못할 것처럼 보였다. 저수조 안에 머문 3일 동안 레위는 얼마 안 되는 자신의 소유를 챙겨 피비린내 나는 그 성스러운 도성을 탈출하려는 결심을 굳혔다.

레위는 최근 수년의 사건뿐 아니라 자신의 운명에 대해 여러 시간을 곰곰이 생각했다. 그는 야고보의 마지막 며칠을 회상했다.[1] 세리이자 제사장 가문이었던 레위는 예루살렘에 대제사장들을 30년 넘게 공급해 온 가문인 가야바(Caiphas, 또는 Caiaphas)와 안나스(Ananus, 또는 Annas)의 전체 인맥을 역겨워했다. 이 가문이 공모하여 예수를 죽였기 때문이다.

이제 대제사장은 폭력적 기질을 가진 거만한 인물 안나스의 아들로, 그 역시 안나스라는 이름을 갖고 있었다. 그는 베스도(Festus)의 죽음과 유대 땅의 새 총독인 알비누스(Albinus)의 도착 사이의 시간을 직접 행동을 취하는 데 사용했다.

그는 예루살렘교회의 수장인 야고보뿐 아니라 예루살렘에서 예수를 따르는 다른 이들도 추적했다. 야고보는 산헤드린 앞에 끌려와 토라를 어겼다는 사유로 기소되어 투석형에 처해졌다.[2] 나중에 알비누스가 이 불공정한 행위를 비난하는 의로운 유대인들의 항의 편지를 읽은 후, 안나스는 제사장직에서 제거되었고 대제사장으로 대체되었다.

---

1   예수 형제의 이름은 야고보가 아닌 야곱이었다. Hershel Shanks and Ben Witherington III, *The Brother of Jesus*, 2nd ed. (New York: Harper, 2009)를 보라.
2   Josephus, *Antiquities* 20.9를 보라.

레위는 편지를 작성하던 서기관이었다. 야고보는 순교당한 장소 근처에 매장되었고, 그들은 그곳에 비문을 새긴 돌기둥을 세웠다. 레위는 그 묘비석이 그 도시에 대한 맹공격을 견뎌낼 수 있을지 궁금했다.[3]

레위는 저수조 바닥에 앉아 얼굴을 찡그리며 바벨론 사람들이 예루살렘을 함락하기 전에 저수조 안에 감금되었던 예레미야 선지자 이야기를 회상했다. 그는 생각했다.

'나는 예레미야일 수 없어. 하지만 예루살렘은 그 비극을 되풀이하고 있군.'

그는 예루살렘을 탈출해야 함을 알았다.

하지만 어떻게?

주님처럼 레위도 결혼하지 않았다. 이 길은 부담스러웠지만, 그는 자신의 일생을 세금 걷는 일과 서기관 사역에 집중했다. 수년 동안 그는 어떻게 예수에 대한 글을 쓸지를 생각했다.

습관적으로 그는 두루마리와 양피지를 마음에 품고 있던 사람으로, 현재의 재앙이 예루살렘에 임하게 되었을 때 요한 마가의 어머니를 방문하여 예수에 대한 복음이 담긴 마가의 이야기 사본 하나를 그에게 위탁해 줄 것을 설득하려고 마음먹었다.

그 사본은 베드로의 설교에 기초한 귀중한 기술(account)로, 사본들은 보존되어야만 한다. 레위는 그 사본에 매우 친숙했고 어떻게 그 사본을 자신의 기술을 위한 기반(template)으로 사용할지를 계속

---

[3] 유세비우스(Eusebius)는 그 묘비석이 살아남았다고 말한다. 아마도 헤게시푸스(Hegesippus)를 따라 그는 우리에게 4세기에 그 묘비석이 여전히 "성전 근처'에 있었다고 말한다(하지만 이 주장은 야고보가 묻혔을 것으로 생각되는 장소로서의 탈피옷의 묘[Talpiot tomb]를 배제한다). Eusebius, *Church History*, 2. 23.

숙고했다. 말할 것은 훨씬 더 많았지만, 마가의 날렵한 필치가 느껴지는 기술은 예수의 탄생을 포함하여 레위가 기술하고 싶어 했던 것에 많은 도움을 줄 것이었다.

레위는 이제 무엇인가 행동에 옮기기로 결심했다. 그는 저수조 벽을 타고 위로 올라가기 시작했다. 모든 움직임은 안무처럼 연습된 것이었다. 여기를 손으로 붙잡고 저기쯤을 안전한 발판으로 삼아 신중하게 손을 뻗어 어색한 몸짓으로 웅덩이 입구까지 기어올라 비로소 밖으로 나왔다.

그는 야음을 틈타 그 마을을 빠져나가기로 했다. 그는 시온산으로부터 여리고로 가는 길로 이어지는 뒷길을 알고 있었다.

1세기 가옥(Houses)

1세기에 속한 꽤 많은 예루살렘의 가옥들이 발굴되었고 가버나움에서 발굴된 가옥들과 비교할 수 있게 되었다. 그 결과들은 유사하다.
대부분의 집은, 이른바 예루살렘에 있는 '불탄 집'(the Burnt House, 예루살렘의 구 시가지에서 발굴된 제2성전기의 집으로 A.D. 70년 로마에 의해 예루살렘이 파괴될 때 불에 탄 것으로 여겨진다-역주)과 같은 보다 큰 집조차도, 단지 몇 개의 방 혹은 칸막이로 나눈 공간들을 갖고 있을 뿐이었고 그 방들은 매우 작았다. 문 근처에는 요리하는 공간이 포함된 거주 공간이 있었고 이 집들은 굴뚝이 없었으며 어떤 경우에는 창문조차 없었다.
그 집이 충분히 크다면 , 확대 가족 혹은 방문자들을 위한 객실과 하나의 큰 침실 공간이 있었다(가족들은 부모들과 아이들이 함께 잠을 잤다). 때때로 집 뒷쪽에는 칸막이가 있었고 그곳에 짐 운반용 동물을 두었는데, 이는 그 동물을 훔쳐가는 것을 방지하기 위함이었다.
누가복음의 예수 탄생 내러티브에서는(눅 2:7) 이용 가능한 객실이 없어서 아기를 구유에 뉘였다고 말한다. 이는 방이 손님들(아마도 또한 인구 조사에 등록하기 위해 밀려서 온 친척들)로 가득 차서 예수께서 객실이 아닌(아마도 친척의) 집 뒷쪽에서 태어난 것을 의미하는 것 같다.

사진 6.1. 예루살렘의 1세기 가옥의 내부

사진 6.2. 가버나움의 1세기 가옥

그리고 그는 지금의 기회를 이용해야 한다고 생각했다. 그는 로마 군대가 지금쯤 노략질에 지쳐 있기를 기도했다. 어쨌든 밤이 다가오고 있었고 그들이 잔치를 벌이며 전리품들을 나누기를 고대했다.

그들이 벌여 놓은 그 난장판을 수습하는 데 수개월이 걸릴 것이었다.⁴ 로마 군인들은 그 지역을 계속 다스려야 했기 때문에, 그들이 그 난장판을 좋아하지 않을 것을 레위는 알고 있었다.

비쩍 여윈 수탉 한 마리가 레위를 놀래키며 그의 발밑을 종종걸음으로 지나갔다.

"너 이 녀석, 어떻게 그토록 스튜 냄비를 피해 다녔지?"

레위는 중얼거리며 궁금해했다.

그러나 이윽고 그는 이 수탉이 보통 8월의 열기를 피하려고 그 아래에 숨어 있던 것을 기억해 냈다.

레위는 자신의 작은 집 문을 열기 위해 다가갔다. 이 집은 아버지 알패오(alphaeus)가 그에게 남겨주신 것이었다. 그의 아버지는 정기적으로 제사장적 순번을 따라 성전에서 봉사했는데, 갈릴리에서 예루살렘에 오면 머물 곳이 필요했기 때문에 이 작은 공간을 오래전에 구입했었다. 이 집은 대단하지는 않지만, 편리한 곳에 있었다.

희미한 불빛 속에서 레위는 가죽으로 된 여행 가방을 움켜쥐고는 그가 지고 갈 만큼의 생필품들로 가방을 채우기 시작했다. 그는 필기 도구들을 작은 철제 케이스에 담은 후 가방 속에 떨어뜨렸다. 피로와 허기에도 마음은 맑고 선명해졌다.

그는 저수조 안에서 모든 것을 미리 연습했다. 신중하게 비밀 장소에서 마가의 복음을 필사한 두루마리를 꺼내 다른 파피루스 두루마리들과 함께 가죽 가방 안으로 그 사본을 밀어 넣었다.

그리고 머리를 식히면서 요단강 건너편 긴 형태의 길인 왕의 대로(King's Highway)로 가벼나움으로 가려는 계획을 찬찬히 살폈다. 그것은 신중한 행로처럼 보였다.

---

4 요세푸스는 우리에게 그 일이 한 달 이상 걸렸다고 말한다. 그 도성이 8월 중순에 함락되었지만 최종 작전은 A.D. 70년 9월 말까지 여전히 진행되고 있었다.

이번이 그가 예루살렘을 보게 될 마지막 기회가 될 것인가?

성전은 다시 회복될 수 있을 것인가?

이성적으로는 그럴 것 같지 않았다. 마음속으로 그는 자신이 틀리기를 바랐다.

예수 시대의 세금 징수

고대 세계의 세금 징수는 오늘날 미국이나 유럽에서 행해지는 방식과 동일하지 않았다. '조세 징수 도급'(tax farming)이 일반적인 관행이었다. 정부 관료들은 자기들 대신 가가호호 부동산마다 찾아가 세금을 징수할 개인들과 계약을 맺었다.

계약서들은 다양했는데, 갈릴리에서는 세금 징수를 관할하는 관료가 세금 징수원들에게 예상 세금 양을 정해주었고 부수적으로 징수한 돈은 세리의 몫으로 돌아간 것으로 보인다. 이 관행은 모든 종류의 부패와 부당 착취로 귀결되었고, 유대 백성들이 왜 세리들을 죄인들과 반역자들과 함께 통으로 묶어 멸시했는지를 보여주는 또 하나의 이유다.

우리는 세금으로 걷힌 돈이 유대인이 아닌 로마 총독에게 직접 갔기에(이것은 헤롯 시대와 달랐는데, 헤롯은 비록 그 조상이 대부분 이두매 사람이었을지라도 적어도 자신의 혈통에 약간은 유대인의 피가 흘렀다) 반발과 적의가 특히 유대에서 강했던 것을 상상해 볼 수 있다.

땅과 소유물에 대한 세금에 더하여 국경 지역에서는 통행세도 있었다. 어떤 사람이 국경을 넘을 때는, 예를 들면 헤롯 빌립의 영토에서 헤롯 안디바의 영토로 넘어갈 때 통행세를 지불해야 했다.

마지막으로 성전세가 있었다. 유대인들은 하나님께 대한 봉사의 일환으로 성전의 헌금함에 돈을 지불할 것으로 기대되었는데, 그 돈은 부분적으로는 성전의 보수 유지비로 충당되었다.

예수 시대에는 예루살렘성전 경내의 바깥뜰에서 동물을 판매하는 사람들과 함께 환전상(moneychangers)이라는 새로운 관행이 생겨난 것으로 보인다. 두로의 한 세겔 혹은 반 세겔이 예루살렘성전의 성전세로 지불되기 위하여 사용되었다.

그 동전의 한편에 이교도의 힘의 상징인 이교도의 반인반신 존재(demi-god, 예를 들면 헤라클레스)와 독수리상이 새겨져 있었지만, 그 동전은 순은으로 주조되어 성전 당국자들은 그 정도의 이교적 조상은 눈감아 주었다. 그리하여 환전상들은 그 세금을 지불하도록 일반적인 동전들을 두로 세겔(Tyrian shekel)로 교환해 주는 일을 했다.

사진 6.3. 로마 동전의 앞뒷면(대략 B.C. 225-212)

    레위는 가방에 담긴 물품들을 뒤적거리다가 자신의 인장을 찾아냈다. 그 인장은 헤롯 안디바 정부가 그에게 하사한 것으로 갈릴리에서 세금을 걷을 수 있는 권리를 상징하는 것이었다.

    헤롯은 로마가 임명한 분봉왕이었기 때문에, 그는 그 인장이 그가 만날 수도 있는 로마 당국자들에게 어느 정도 그의 미미한 신분을 여전히 보장해 줄 수 있기를 바랐다.

    확실히 헤롯의 어떤 관리라도 디도와 및 반란군을 진압하려는 그의 노력의 협력자로 여겨질 수 있을 것이다. 물론 레위는 수년간 헤롯을 위해서는 세금을 거두지 않았지만 로마 군인들은 이 사실을 모를 것이다. 레위는 학대받거나 투옥되는 것을 피하려고 그 인장에 의지하고 있었다.

태양은 이제 거룩한 도성의 서쪽 끝자락으로 내려갔다. 레위는 석양 빛 아래서 길을 선택했다. 그는 여리고로 내려가는 북쪽으로 갈 요량이었다. 그 길은 제사장들과 레위인들이 정기적으로 이용하는 출퇴근 길이었다.

그들 중 많은 이가 시온산에서 살 경제적 여력이 없어 여리고에 살았고 성전에서 봉사할 그들의 순번이 돌아올 때 출퇴근했다. 그는 어울려 함께 갈 동행이 있기를 희망했다.

여리고로 가는 길에 있는 그 도성의 마지막 가로수 길에 도착한 그는 멈추어 서서 그 도성의 어두워 가는 윤곽을 뒤돌아보았다. 그는 목이 메어 속삭였다.

"안녕, 한때 위대했던 도시여!"

토라에 대한 모든 복종, 모든 희생 제사, 모든 기도 … 그 모든 것이 이 순간에 무슨 의미가 있단 말인가?

이것이 예루살렘의 종말이라면, 예루살렘은 무엇을 이루었단 말인가?

이 시간까지도 그 길을 따라 내려가고 있는 노인들, 젊은이들, 노파들과 젊은 여인들, 작은 아이들, 유아들이 있었다. 광야로 통하는 길은 잘못된 방향으로 향하는 것이었다. 하나님의 백성이 애굽을 피해 달아나는 대신 그들 자신의 수도를 피해 달아나고 있다니!

피난민들이 일으키는 흙먼지가 저녁 공기 안에 피어올랐다. 샌들, 말발굽, 그리고 수레바퀴 소리가 기침 소리와 헐떡이는 소리로 더 가중되었다.

그들은 모두 어디를 향해 가는 것일까?

그들은 잠을 청해야 한다면 오늘밤 어디에서 자게 될 것인가?

레위는 옷자락으로 자신의 입 주위를 여민 채 그 행렬에 합류했다.

레위는 이 밤에 여리고로 가는 여정을 계속하기로 마음먹었다. 약 17마일(27km)의 여정은 거의 내리막길이었고 많은 사람과 여행하기에 산적과 강도의 위험은 현저히 줄었다. 그러나 예루살렘으로부터 여리고까지의 3,200피트(약 975m) 내리막길은 그를 괴롭힐 것이다. 저수조에서 머문 3일이 그의 남은 에너지를 고갈시켰기 때문이다.

여리고까지 내려가는 데 여섯 시간이 걸렸는데, 두 시간이 지나면서 레위의 염려는 완화되었다. 동행하는 여행자 모두가 낯선 사람이었지만 그들의 존재만으로는 안심이 되었다.

여리고에 도착하자 달이 하늘 높이 빛나고 있었다. 마치 저녁 무렵 같았다. 그러나 아마 자정쯤 되었을 것이다. 그는 그 밤에 어디 머물지를 고민하기 시작했다. 보다 행복한 때라면 여리고에 있는 유명한 여인숙을 선택할 수 있었겠지만, 피난민의 홍수 속에서 여리고에 들어가는 지금 여인숙은 고려 대상이 아니었다.[5]

레위는 대부분의 제사장이 어디에서 사는지를 알았다. 그들은 그 도시의 개울 근처, 고개 너머에 살고 있었다. 그는 우선 그곳을 찾아 자신의 제사장석 가문에 호소해 보기로 결심했다.

오래된 단풍나무를 통과하면서 그는 세리 삭개오가 한때 이 마을에 살았음을 떠올렸다. 삭개오의 가족은 예수를 따르는 이들이 되었다. 이미 40년이 더 지난 일이다. 그러나 레위의 기억은 여전히 그들이 살던 곳에 대한 평범한 회상에 머물러 있을 뿐이었다. 그는 일단 그들의 집을 찾아보기로 했다.

---

[5] 눅 10장을 보라.

가방을 뒤적여 작은 램프와 병마개가 있는 기름병을 꺼냈다. 몇몇 여행자가 차가운 밤공기 가운데 손을 따뜻하게 하던 램프를 보고 그 앞에 잠깐 멈추어 서자, 레위는 자신의 램프 심지에 불을 붙였다. 한 손에는 불이 켜진 등불을 들고 반대쪽 어깨에는 자신을 가방을 둘러 메고 레위는 인근으로 발걸음을 옮겼다.

몇 번씩이나 길을 잘못 들어섰다가 마침내 눈에 익은 한 집을 찾아냈다. 그의 깜빡이는 등불에 드러난 문에 새겨진 희미한 물고기 형상을 보고 확신을 가진 후에 그는 문을 두드렸다. 1-2분이 지난 후 '끼익' 하고 문이 조금 열리더니 나이 많은 여인의 목소리가 나직이 물었다.

"누구세요?"

"주님을 따르는 자, 레위입니다. 이 밤에 안전하게 잠을 청할 만한 바닥이 있는지요?"

문이 활짝 열리면서 갑자기 방의 중앙에 매달린 등잔 꾸러미들에서 환한 불빛이 몰려왔다. 깜박이는 불빛 때문에 보기 어려웠지만 레위는 그를 영접하려고 서 있는 삭개오와 그의 아내의 구부정한 형상을 알아보았다.

레위는 집 안으로 들어갔고 그들이 자신의 얼굴을 명확히 볼 수 있게 모자를 벗었다. 바로 그때, 그는 자신의 손이 수 시간 동안 가방을 꽉 움켜쥐고 있느라 매우 아팠다는 것을 깨달았다. 그러나 그 일은 마가의 이야기가 담긴 두루마리를 보호하기 위해서는 충분히 가치 있는 일이었다.

7

여리고에서의 휴식

몇 시간을 쉰 후에 레위는 따뜻한 빵과 염소의 젖 그리고 얼마간의 대추야자 열매가 차려진 아침 식탁에 앉았다. 삭개오의 아내 룻은 여주인으로 재빠르게 섬겼다. 허기가 채워지자 레위는 삭개오와 룻에게 오기까지 있었던 일들을 더욱 선명하게 기억해 낼 수 있었다.

레위가 말했다.

"지금쯤 예루살렘에서 일어난 모든 재앙 소식을 들었을 줄로 압니다."

룻은 슬픔 속에 머리를 흔들었다.

"사람들이 이틀간 모두 그 얘기만 하고 있어요. 피난민들이 마을로 물 흐르듯이 들어왔어요. 도시 관리들은 구호물품을 벌써 다 써버리고 말았어요!"

레위는 놀라지도 않은 채 머리를 끄덕였다.

룻의 얼굴이 밝아졌다.

"하지만 여리고 여인숙에 지금 누가 왔는지 당신은 상상도 못할 겁니다.

바로 미리암, 마르다, 그리고 요안나에요!"

그들이 여행의 피로를 풀고 점심식사에 오도록 초대를 했답니다."

한동안 대화가 진행되었지만, 레위는 아직도 너무 피곤해서 평상시처럼 말을 많이 할 수 없었다. 그는 식사 후에 자리에 등을 기대어 앉았더니 이내 가볍게 코를 골며 잠이 들어버렸다.

정오가 되자 문 두드리는 소리에 레위는 깜짝 놀라 잠이 깼다. 그는 똑바로 앉아 눈을 비비면서 삭개오가 요안나, 미리암, 마르다를 집 안으로 안내하는 것을 보았다.

레위는 예를 갖추어 그 여인들을 맞이하려고 재빨리 일어섰다. 의례적인 인사를 나누고 모두 자리에 앉은 후 레위는 가장 가까이 있던 요안나에게 물었다.

"여기 여리고에는 어떻게 오게 되셨습니까?

당신과 당신의 남편은 바울을 보러 로마에 갔다는 소문이 있던데요.

유대 땅에는 언제 돌아오셨습니까?"

요안나는 룻이 그녀에게 접시 하나를 넘겨줄 때 미소를 지으며 말했다.

"우리는 정말 로마에 갔었지요. 우리는 꽤 오랜 시간 바울과 동역했어요. 심지어 한번은 그와 함께 감옥에 가기도 했답니다."

"뭐라고요. 로마 감옥에 있는 유대인 여인이라뇨?

정말입니까?"

레위가 말했다.

"정말이고 말고요. 여인이 문제를 일으킬 수 있는 사안이 있다니 놀랍지 않아요?

저는 에베소, 빌립보, 데살로니가에 있는 부유한 여인들 가운데서 주님을 증거할 기회를 얻었어요."

그녀의 눈빛이 잠깐 흐려졌다.

"데살로니가에서는 예수님을 새로 따르던 여인 중 몇몇이 박해가 일어났을 때 생명을 잃기까지 했답니다."[1]

갑자기 삭개오의 아내의 눈이 번뜩였다.

"잠깐만요. 당신이 주님과 함께 다니던 요안나인가요?

저는 당신이 나중에 안드로니고(Andronicus)란 이름의 남성과 결혼했다는 소식을 들었는데 … 당신은 사도가 되었나요?"

요안나는 입에 있는 음식을 삼키고는 얼굴을 붉혔다.

네, 우리가 로마에 있을 때 저는 유니아(Junia)로 알려졌지요.[2] 제가 사도가 되었다는 말을 들으니 매우 영광스럽군요. 하지만 아닙니다. 우리는 우리가 할 수 있는 최선을 다해 주의 일을 행했을 뿐이에요. 남편은 수년 전에 네로에 의한 탄압 기간에 순교했지요. 그래서 제가 예루살렘으로 돌아온 것이구요.

바로 며칠 전까지 저는 병든 언니를 돌보고 있있답니다. 하지만 언니는 주님께 함께하기 위해 떠났고, 더 이상 예루살렘에는 마음 붙일 만한 아무것도 남지 않게 된 것이라오. 지금은 더 그렇지요.

---

1   행 17:4은 "경건한 헬라인의 큰 무리와 적지 않은 귀부인들"이 데살로니가에서 회심했다고 우리에게 말한다. 여기와 다른 곳에는 보다 높은 신분의, 글을 읽을 줄 아는 여인들의 존재를 증거하는 요안나와 같은 여인들의 역할이 있었을 것이다.
2   유니아는 히브리식 이름인 요안나의 라틴어 형태다.

"저런, 언니가 돌아가셨다니 안타깝습니다."

레위가 말했다. 삭개오와 룻도 그녀를 위로했다. 요안나가 답례했을 때 레위는 자신의 낡은 가죽 가방에 손을 뻗으며 말했다.

"사도 바울이 로마교회에 보낸 편지에서 몇 구절을 읽어드리면 여러분 모두 좋아하실 것 같아요."

마르다는 거의 말할 수 없을 정도로 흥분했다.

"당신이 사본을 갖고 있어요?"

"우리가 예루살렘 집에서 모였을 때 그 두루마리를 읽었어요. 그 편지뿐만 아니라 주님의 생애를 담은 요한 마가의 이야기도 읽었어요!"

레위는 익살스럽게 미소를 지으며 대접을 밀쳐 놓고는 가방을 가볍게 두드렸다.

"바로 여기에 그 두 문서가 모두 있다오."

그는 목청을 가다듬었다.

"자, 여러분에게 두 문서를 읽어드릴 영예를 제게 허락해 주시오."

"나와 함께 갇혔던 안드로니고와 유니아에게 문안하라. 그들은 사도들에게 존중히 여겨지고 또한 나보다 먼저 그리스도 안에 있는 자라."

그 의미가 충분히 이해된 것처럼 방 안에는 침묵이 흘렀다.

"요안나, 당신은 바울이 회심하기 전에 박해했던 무리 가운데 있었나요?"

삭개오가 물었다.

"그랬지요."

요안나가 대답했다.

우리는 바울이 예수님에 관한 복음을 나누려고 두 번째 여행을 시작할 무렵 바울과 함께 하던 사역을 마무리했어요. 여러분 중에 아는 사람도 있듯이 저는 죽은 자 가운데서 부활하신 예수님을 처음 보았던 여인들 가운데 있었답니다.

안드로니고와 저는 그때부터 얼마 지나지 않아 결혼했어요. 그래서 우리는 주님께서 다메섹 도상에서 바울에게 나타나시기 전 수년간 예수님을 따랐지요.[3]

"주님의 용서하심이 그의 백성들 가운데 역사하시어 그들을 하나 되게 하소서."

레위가 조용히 읊조렸다.

"그런데 이제 당신들은 어디로 갈 계획입니까?"

마르다가 재빨리 대답했다.

"우리는 약속의 땅을 떠나기로 결정했다오. 적어도 당분간 이 전쟁이 끝날 때까지 … 늘 그랬듯이 우리 민족에게는 안타까운 일이네요. 우리는 예언을 따라 펠라에 가서 주님을 따르는 다른 이들과 합류할 예정이오. 당신은 어떻게 할 생각인가요?"

레위는 올려다보며 자신의 턱수염을 가볍게 치면서 말했다.

저는 가버나움으로 돌아가기로 마음먹었습니다. 거기에도 예수님을 따르는 무리가 있을 거라 확신합니다. 저를 위해 기도해 주세요. 제가 할 일이

---

[3] 나는 안드로니고와 요안나가 바울과 실라가 로마를 향해 가는 여정 동안 방문했던 다양한 도시들에서 그들을 수행했다고 상상하고 있다. 그들이 에베소 혹은 빌립보에서 바울과 함께 투옥되었을 가능성이 있다. 그러나 바울이 그리스-로마 도시들 안에서 가정집들에서 복음을 전하게 되었을 때 남성들이 갈 수 없는 곳에서 복음을 전할 여성이 필요했다는 것은 충분히 명확하다.

있습니다.

저 역시도 예수님에 대한 이야기를 편찬해야 한다고 생각합니다. 그 문서를 작성하기 위해 마가의 저술과 몇몇 다른 자료를 활용할 계획이라오.

그러나 먼저 우리가 함께 있는 이 밤에, 여러분이 들었거나 기억하는 주님의 가르침이 있다면 어떤 분에게서든지 듣고 싶군요.

이스라엘의 구전 문화

고대 성경 문화 속에서 글을 읽고 쓸 수 있는 식자율(literacy rate)은 특정한 문화와 하위 그룹에 따라 약 5-20%로 추정된다. 그렇다면 모든 고대 사람은 글을 읽을 줄 알거나 모르거나 상관없이 살아 있는 어휘, 즉 구어(spoken word)를 선호했다는 것은 놀랍지 않다.

문서(texts)를 생산하는 데는 엄청난 비용이 들었다. 파피루스는 비쌌고 잉크도 그랬으며 필사가들은 가장 비쌌다. 예수님께서 청중들에게 "귀 있는 자는 들을지어다"라고 말씀하신 것은 놀랄 일이 아니다. 그분은 결코 "눈 있는 자는 읽으라"고 말씀하지 않으셨다. 성경 시대에 대부분의 눈은 읽을 수 없었다.

우리가 아는 범위에서, 고대에는 어떤 문서가 조용히 읽혔던 경우는 거의 없었고 사적으로 읽기 위해 의도된 경우는 단지 소수였다. 문서들은 큰 소리로 낭독되도록 의도되었는데 보통 하나의 그룹이 대상이었다. 대부분의 문서는 구두 의사 교환(oral communication)을 위해 [그것을 읽어줄] 대리인(stand-ins)이 필요했다. 이것은 특히 고대 서신들의 경우에 그랬다.

사실 서신들을 포함하여 대부분의 고대 문서는 현대 의미로는 전혀 진정한 텍스트가 아니었다. 그 문서들은 청각적으로 그리고 구두로 전달되는 상황을 염두에 두며 작성되었다. 그리고 그 문서들이 목적지에 도착하면 구두로 전달되도록 의도되었다.

그래서 예를 들면, 우리가 에베소서의 서문 구절들을 읽을 때(그 구절들은 청각적인 장치-유음[assonance], 두운[alliteration], 리듬, 운율, 다양한 수사학적 기교들로 가득 차 있다), 어느 하나도 그리스어가 아닌 다른 언어로 읽히도

> 록 의도되지 않았고 또한 조용하게 읽혀지도록 의도되지 않았다는 것이 명확하다. 텍스트는 귀에 들릴 필요가 있었다.
>
> 구두로 전달해야 했던 추가적 이유는 부분적으로는 문서를 작성하는 데 드는 비용 때문이었는데, 그리스어로 된 통상적인 편지는 단어들, 문장들, 단락들 등등의 사이에는 구분이 전혀 없었다. 구두점이 거의 없거나 전혀 없었으며 모두 대문자로 기록되었다. 예를 들면, 다음과 같이 시작되어 정돈이 필요한 문장을 상상해 보라.
>
> "PAULASERVANTOFCHRISTJESUSCALLEDTOBEANAPOSLEANDSETAPARTFORTH-EGOSPELOFGOD."
>
> 그러한 글자들의 모음을 해독하는 유일한 방법은 그 철자들을 소리 내어 읽어보는 것이었다.

잠깐 침묵이 흘렀다. 요안나는 미소를 지으며 말했다.

"제가 먼저 시작하지요. 가나안 여인의 이야기를 해드리겠습니다. 이 이야기는 예수님이 두로에서 돌아오셨을 때 미리암과 저에게 말씀하신 것입니다. 그 이야기는 다음과 같아요."

그녀는 이야기를 시작했다.

> 예수님이 두로와 시돈 지역으로 물러나 계셨을 때 그 지역 출신의 한 가나안 여인이 그분께 다가와서 외쳤어요.
>
> "주 다윗의 자손이여! 나를 불쌍히 여기소서!
>
> 내 딸이 흉악하게 귀신 들렸나이다."
>
> 예수님은 한 말씀도 대답치 않으셨어요. 그래서 제자들이 그분께 나아와 강권했어요.
>
> "그 여인을 보내소서.

그 여인이 계속 우리를 따르며 소리 지르고 있습니다."

예수님이 대답하셨어요.

"나는 이스라엘 집의 잃어버린 양 외에는 다른 데로 보내심을 받지 아니하였노라."

그러자 그 여인이 예수님 앞에 무릎을 꿇었답니다.

"주여! 나를 도와주세요!"

예수께서 대답하셨습니다.

"자녀의 떡을 취하여 개들에게 던짐이 마땅하지 아니하니라."

"주여! 옳소이다."

그녀가 말했어요.

"하지만 개들도 그들의 주인의 상에서 떨어지는 부스러기를 먹지 않습니까?"

그때 예수께서 대답하셨습니다.

"여자여, 네 믿음이 크도다. 네 소원대로 되리라."

그리고 그녀의 딸은 바로 그 순간부터 치유되었답니다.

"매우 흥미롭군요."

레위가 말했다.

"마가의 기술에도 매우 유사한 이야기가 있습니다. 오직 마가가 기록한 글에만 그 여인이 수로보니게(Syro-Phoenician) 여인으로 불린답니다."

"글쎄요."

요안나가 대답했다.

"물론 그게 로마 거주민들이 그런 여인을 부르시는 방식입니다. 수로보니게 사람들은 수리아에 살고 있고, 라보보니게 사람들

(Labo-Phoenicians)은 애굽의 서쪽 땅의 북쪽 해안가에 살고 있어요.

저는 마가가 그의 로마인 청중들이 이해할 수 있는 방식으로 기록하길 원했을 것으로 생각되네요."

"음 ….."

레위가 말했다.

"마가의 글에도 제자들에 관해서는 별다른 내용이 없습니다. 다른 곳에서는 확실히 열두 제자의 부족함을 보여주려고 하는 확고한 의지가 있는 것 같은데, 여기에서 마가는 분명히 이 이야기의 한 부분이었을 제자들의 당혹감에 대한 언급이 없어요."

모두가 깊은 생각에 빠지면서 잠깐의 침묵이 있었다. 그때 삭개오가 불쑥 말했다.

"제가 이상하게 생각하는 것은 예수님의 퉁명스런 태도입니다. 다른 상황에서 여인들을 대하셨던 방식과 다르단 말입니다."

삭개오가 말했다.

"아마도 그분은 전에 저를 시험하셨던 것처럼 그 여인이 믿음으로 반응하는지를 알아보려고 시험하셨을 겁니다."

이번에는 마르다가 끼어들었다.

그리고 그 여인은 분명히 시험을 통과했어요. 하지만 제자들은 그러지 못했어요. 이것이 제가 어떤 기록 문서보다 구두로 된 이야기를 좋아하는 이유입니다. 그냥 두루마리 위에 쓰인 어휘들을 읽는 것만으로 당신은 예수님이 그 말씀을 하실 당시의 목소리 톤이나 태도를 분간할 수 없어요. 필시 예수님은 자신이 그 여인을 긍휼히 여기셨던 것처럼 제자들이 그러한 긍휼을 갖고 있는지를 보시기 위해 그들을 시험하고 계셨을 거에요.

"나는 이스라엘 집의 잃어버린 양 외에는 다른 데로 보내심을 받지 아니하였노라."

이 말씀도 아마 예수님의 생각이 아니라 제자들의 생각을 말로 표현하신 것으로 생각합니다.

수염을 만지면서 레위가 대답했다.
"아마 그럴지도 모릅니다.
그러나 여러분은 이 이야기가 이상하다고 인정해야 합니다.
도대체 예수님은 애초에 왜 두로의 도시 근처에 계셨을까요?"
미리암은 깊은 생각에 잠겨 말했다.
"아마도 그분은 갈릴리에서, 그리고 그분의 고향에서조차 일어난 모든 배척 때문에 피곤했던 것은 아닐까요?"

그들은 예수님과 그분의 가르침에 대한 기억들을 번갈아 떠올리면서 대화를 계속하였다. 그 토의 때문에 그들은 지금 그들이 함께 앉아 있는 여리고가 한때 이스라엘이 약속의 땅으로 들어가는 아주 오래된 입구였다가, 그들 대화의 주제가 되시는 주님이 예언하신 파괴의 결과로, 어떻게 지금은 이 하나님의 백성들이 탈출하는 길의 출구가 되었는지를 생각하지 못했다.

8
예언과 해석

예루살렘이 노략당한 지 나흘째 되던 날, 요세푸스(Josephus)는 디도 장군의 널찍한 장막 안에 앉아 지시를 기다리고 있었다. 감람산 정상은 이미 뜨거운 8월의 아침이었고, 요세푸스는 향신료가 들어간 신포도주로 만든 로마식 음료인 포스카(poska)를 홀짝거리고 있었다. 그의 마음은 이제 막 예루살렘에서 발생한 일들을 어떻게 정확하게 기록할까에 쏠려 있었다.

그 일은 매우 까다로운 작업이 될 것이다. 한편으로 로마인들이 행한 일들에 대해 비판하는 것은 위험할 수 있고, 다른 한편으로 유대인으로서 그는 예루살렘이 당한 재앙의 원인이 평범한 유대인이 아니라 열심당원(Zealots)의 탓으로만 돌려져야 한다는 점을 분명히 하길 원했다.

미약한 바람이 장막을 펄럭이게 했고, 요세푸스는 도성의 연기 나는 잔해를 순간적으로 바라볼 기회를 얻었다. 갑자기 어떤 발의 형상이 요세푸스의 시야를 가로막았다. 많은 훈장을 단 디도가 장막 안으로 들어왔다. 그리고 갑옷 시종을 향해 말했다.

"마르쿠스!
당장 이 갑옷을 벗겨라.

이 끔찍한 유대 지방의 더위라니!
저 이글거리는 태양 아래 내가 할 수 있는 것이
이 갑옷을 입고 서 있는 것밖에 없다니."

디도에게 술잔을 따라 올리는 시종, 데시무스(Decimus)라는 이름의 젊은이는 늘 그랬던 것처럼 준비하고 있었다. 그는 디도에게 포도주가 담긴 받침이 있는 은잔을 건넸다. 디도는 깊이 들이켰다. 갑옷을 벗은 그는 투덜대며 앉아 사지를 늘어뜨리고 흔들었다.

"그래, 너는 나와 함께 로마로 가서 우리의 승리를 축하할 텐가?"

디도는 요세푸스를 향해 눈웃음을 지으며 물었다. 그는 교육받은 사람이었음에도 그들이 막 정복한 백성의 한 사람인 요세푸스 조롱하기를 곧잘 즐겼다.

"주인님이 원하시는 일이면 저에게는 영광일 것입니다."

요세푸스가 지친 표정의 미소를 지으면서 말했다.

"확실히 여기 제 고향 예루살렘에는 더 이상 아무런 미래가 없습니다."

그는 잠시 한숨을 돌렸다.

"주인님!

앞으로 무슨 일이 일어날지 모르지만, 이번 작전에서 드린 저의 미약한 도움에 대한 보상으로 주인님께서 제게 로마 시민권을 하사하신다면, 저는 진심으로 감사할 것이라고 거듭 말씀드리고 싶습니다. 그리고 제가 '디도 플라비오 요세푸스'(Titus Flavius Josephus)라는 로마식 이름을 얻게 된 것을 듣고 기분이 좋으시기를 바랍니다."

> **또 하나의 디도**
>
> 요세푸스(Josephus)는 또한 디도(Titus)라고 불린다. 그의 유대식 이름이 "요세프 벤 마티티아후"(Yosef ben Matityahu)인 반면 그의 로마식 이름은 "디도 플라비오 요세푸스"(Titus Flavius Josephus)였다.
>
> 예수가 떠난 지 수년 후 예루살렘에서 태어난 요세푸스가 디도 장군을 도와 예루살렘에 숨어 있던 유대인들이 항복하고 더 이상의 피 흘림이 없도록 설득하기 위해 로마군에 입대한 것은 그의 나이 30대를 향해 가는 시점이었다. 요세푸스는 이 일에 비참하게 실패했다. 반란을 일으킨 유대인들은 끝까지 저항했고 우두머리 몇몇은 훗날 맛사다(Masada)에서 벌어질 결전을 위해 탈출했다.
>
> 요세푸스는 베스파시안의 아들 디도에게서 로마 시민권을 부여받았다. 그리고 디도가 예루살렘을 포위 공격할 때, 그의 통역자로 일하면서 곧 디도의 고문(adviser)이자 친구가 되었다. 아람어와 히브리어뿐만 아니라 그리스어에 능통하여 로마인들을 돕기 위해 준비된 유대인들은 많지 않았다.
>
> 예루살렘에 있던 부유한 제사장 가문에서 성장한 요세푸스(그는 하스모니안 시대의 대제사장 요나단의 직계 후손이었다)의 타고난 성향은 다양한 부류의 열심당원들에게 적대적이었을 것이다. 그래서 전쟁이 시작되었을 때 그가 열심당원들을 옹호하고 갈릴리에서 군대를 이끌었다는 것이 하나의 수수께끼다.

"잘 됐군. 나는 자네가 사안들을 내 방식대로 보게 되기를 바랐거든."

동생 도미티안(Domitian)과 달리 디도는 천성이 매우 붙임성이 있어 아버지 베스파시안(Vespasian)을 더욱 닮았다. 그리고 아버지와 마찬가지로 그는 훌륭한 군인이기도 했다.

그는 다시 한 잔을 들이키고는 얼굴을 찡그리며 기지개를 켰다.

"그래, 나와 함께 로마에 간다면 무엇을 할 계획인가?"

"당신이 친절히 허락하신다면 저는 여기 유대 땅과 갈릴리에서 성취한 당신의 위대한 승리에 대해 그리스어로 기술하려고 합니다. 골(Gaul)에서 벌인 가이사의 전쟁 기록(『갈리아전기』 참조-역주) 비슷한 것을 써 보려고 합니다."

요세푸스는 잠시 말을 멈추고 어휘들을 신중하게 선택했다.

"신들의 호의가 로마의 번성 위에 내려져 있는 사실이 모든 사람에게 명백함에도 저희 백성들을 포함한 사람들이 신의 뜻과 운명에 저항하는 것이 얼마나 헛된 일인가를 말하려고 합니다. 그 이야기는 지난 세기에 대한 것이지만 당신의 제국의 발흥에 대한 이야기가 될 것입니다."

갑자기 한 생각이 그에게 떠올랐다.

"폐하!

사실, 우리 민족의 책 다니엘서에 로마 제국에 대한 옛 예언이 있다는 것을 아시지 않습니까?"

"정말 그런 예언이 있다고?

그 유대 예언이 뭐라고 말했는데?"

"그 예언은 아람어로 기록되었습니다. 당신이 원하신다면 제가 당신께 읽어 드릴 수 있습니다."

"당연하지, 암 되고말고!

어서 읽어 보라."

요세푸스는 바구니에 손을 뻗어 자신이 필요로 하는 두루마리를 찾아 펼쳤다.

"다니엘은 바벨론에 포로로 잡혀가 있던 예언자였습니다. 그는 환상을 보았지요. 이것은 그가 본 환상 중 하나에 대하여 말한 것입니다."

내가 밤에 환상을 보았는데 하늘의 네 바람이 큰 바다로 몰려 불더니 큰 짐승 넷이 바다에서 나왔는데 그 모양이 각각 다르더라. 첫째는 사자와 같은데 독수리의 날개가 있더니 내가 보는 중에 그 날개가 뽑혔고 또 땅에서 들려서 사람처럼 두 발로 서게 함을 받았으며 또 사람의 마음을 받았더라 또 보니 다른 짐승 곧 둘째는 곰과 같은데 그것이 몸 한쪽을 들었고 그 입의 잇 사이에는 세 갈빗대가 물렸는데 그것에게 말하는 자들이 있어 이르기를 일어나서 많은 고기를 먹으라 하였더라 그 후에 내가 또 본즉 다른 짐승 곧 표범과 같은 것이 있는데 그 등에는 새의 날개 넷이 있고 그 짐승에게 또 머리 넷이 있으며 권세를 받았더라 내가 밤 환상 가운데에 그 다음에 본 넷째 짐승은 무섭고 놀라우며 또 매우 강하며 또 쇠로 된 큰 이가 있어서 먹고 부서뜨리고 그 나머지를 발로 밟았으며 이 짐승은 전의 모든 짐승과 다르고 또 열 뿔이 있더라 내 그 뿔을 유심히 보는 중에 다른 작은 뿔이 그 사이에서 나더니 첫 번째 뿔 중의 셋이 그 앞에서 뿌리까지 뽑혔으며 이 작은 뿔에는 사람의 눈 같은 눈들이 있고 (단 7:2-8).

"이 환상들 가운데 나타난 이 소위 짐승들은 누구인가?"
디도가 재촉하여 물었다.
"그들은 제국들을 나타냅니다, 폐하!"
요세푸스가 대답했다.
"제가 이해하는 바로는 이 제국 중 첫째가 바벨론 제국이고 둘째는 페르시아 제국, 셋째가 알렉산더의 제국이며 넷째가 로마 제국입니다. 쇠로 된 이를 가졌고 앞길의 모든 것을 짓밟아 버리는 넷째 짐승의 강한 힘과 맹렬할 성격을 유의하여 보십시오."

그는 다시 두루마리를 쳐다보았다.

"또한, 넷째 짐승이 여러 면에서 이전의 세 짐승과 다르다고 말하는 것을 보시기 바랍니다. 열 개의 뿔을 보세요. 이것은 열 개의 뿔에 나눠진 권세에 대한 말입니다."

"말하자면 로마의 열 개 주(provinces)를 이르는 것인가?"

디도는 요세푸스의 이야기에 수긍하며 말했다.

"가능성이 있습니다. 아니면 아마도 열 명의 통치자를 가리킬 수도 있습니다.

또 다른 하나의 뿔, 곧 작은 뿔에 뽑혀버린 세 뿔에 대한 언급을 이해하셨습니까?"

"그것은 틀림없이 세 황제의 통치 시기를 가리키겠군. 체구도 작은 내 아버지가 어떻게 그들을 끌어내리셨던가!"

"그 예언의 어떤 면들은 모호하지만 그 구절은 제게도 가장 분명해 보입니다."

요세푸스가 미소를 지으며 말했다.

"이것이 저로 당신의 아버지가 황제가 될 것이라고 예견케 한 바로 그 예언입니다.

그리고 이것이 실제로 일어나지 않았습니까?"

"그래, 너희의 신조차 로마의 발흥을 알고 우리에게 호의를 갖고 있다는 말이지?"

디도가 눈썹을 치켜올렸다.

"그렇게 보입니다.

폐하! 그렇게 보이고말구요."

"어쨌든 우리는 이 승리를 기념해야 한다."

그는 애매하게 말했다.

"그러나 탈출한 귀찮은 강도들을 추격하도록 다른 이들을 먼저 급파해야 하겠다."

"폐하! 제가 감히 말씀드리건데 아마도 플라비우스 실바(Flavius Silva)와 함께 여러 부대나 아니면 군단(legion)을 보내서 그들을 녹초로 만들어 버릴 수 있을 것입니다. 그는 훌륭한 사령관입니다. 그리고 확실히 당신의 아버지도 승인하실 것입니다."

"좋은 생각이야. 아버지께 편지를 써야겠군. 그리고 항해가 다시 가능해지는 새해가 되면 자네가 나와 함께 가는 것을 긍정적으로 생각해 보지. 하지만 여기서 임무를 마치고 유대 땅에 안전을 확보하기 위해서는 아직도 할 일이 많아. 우리는 한 달 후에 끝나는 지중해(Mare Nostrum)[1]의 항해 시즌 이전에 이 일을 다 처리할 수는 없을 거야."

"매우 현명하십니다. 저도 항해 시즌이 아닐 때는 항해하고 싶지는 않거든요."

요세푸스가 대답할 때 디도는 일어섰다. 이는 그가 들을 것을 다 들었다는 신호였다.

"말을 확인하러 가야겠어. 어제 발을 저는 것 같았단 말이지.

그리고 자네는 유대 전쟁 이야기를 위해 기록들을 모아보는 것이 어때?

때가 되어 우리가 로마로 돌아갔을 때, 내가 너의 글을 검토해 볼 수 있기를 바란다."

---

[1] "우리 바다"에 대한 라틴어로 로마인들이 소유격을 써서 지중해를 부르는 말이었다.

지중해 항해

지중해를 항해하는 일은 위험한 시도였다. 특히 작은 배를 이용하거나 항해 시즌을 벗어난 경우는 더욱 그랬다. 안전상의 이유로 이상적인 항해 시즌은 5월 27일부터 9월 14일까지였다. 그리하여 현재 우리의 이야기 속에서 디도가 고향에 가기 위해서는 A.D. 71년 새해 봄이 될 때까지 기다려야 한다고 말하는 것이다.

군인들이나 곡식들을 수송하는 긴급 상황에는, 항해 조건이 최소한으로 수용될 만한 때인 10월 말이나 4월 초까지 항해하기도 했다. 12, 1, 2월에는 겨울 폭풍이 항해를 매우 위험스럽게 만들었다.

고대 세계에서는 여객선이라는 것 자체가 없었다. 여행자들은 상선이나 보통 큰 곡물 수송선의 선실을 잡았다. 실제로 보다 큰 배들만 이집트에서 이탈리아까지 대각선 방향으로 지중해를 건너 항해했다.

다른 모든 배는 공해상으로 바다를 가로지르는 길을 피해 팔레스타인, 소아시아, 그리고 그리스의 해안선을 따라 점 대 점 방식으로 항해했다. 예를 들면, 바울은 예루살렘으로 가는 여정에 바다라(Patara)에서 두로까지 곡물 수송선을 탔다. 큰 배를 타고 순풍을 만나면 로마에서 고린도까지는 5일이 걸렸고, 로마에서 이집트 알렉산드리아까지는 열흘이 걸리는 여정이었다.

큰 배를 타는 대부분 여행자는 뻥 뚫린 갑판이나 임시 변통의 텐트에서 잠을 자던 갑판 승객들이었다. 그들은 기본 조리 기구, 음식, 세면 도구, 그리고 작은 침구류 등을 지니고 여행하곤 했다. 큰 배, 예를 들면 노예선은 600명까지 승선할 수 있었으나 그것은 예외적인 경우였다.

배들은 바람과 파도의 영향을 받기에 예상 스케줄대로 항해하는 경우는 매우 드물었다. 결과적으로 승선 자체가 시련일 수 있었다. 여행자들은 선장이 출발을 선언할 때까지 항구에서 시간을 보내곤 했다. 바람과 조류는 아무도 기다려 주지 않았고 바람과 조류가 좋을 때가 되면 한순간도 낭비되어서는 안 되었다.

바울의 조난 사고에 관한 극적인 이야기에 항해의 위험들이 잘 묘사되어 있다(행 27:13-44). 배가 맹렬한 폭풍을 만나게 되면 가장 안전한 선택은 바람을 안고 가면서 바람 부는 쪽의 해안(leeward shore)으로 피하게 되길 바라는 것이었다. 고대 세계의 배들은 현대의 항해선들처럼 직접 바람을 타고 항해하도록 제작되지 않았다. 바다를 항해하려는 이들은 목숨이 자신들의 손에 달려 있지 않다는 것을 알았다.ᵃ

---

a 이 모든 것에 대해서는 나의 주석, *The Acts of the Apostles* (Grand Rapids: Eerdmans, 1998)에 있는 연관 단락들을 보라. 바울의 항해 여정을 다루는 학자적인 최근의 흥미로운 기술에 대해서는 L. Stutzman, *With Paul at Sea: Learning from the Apostle Who Took the Gospel from Land to Sea* (Eugen, OR: Cascade, 2012)를 보라.

요세푸스는 머리를 끄덕이며 디도가 별다른 작별 인사도 없이 장막을 떠나는 것을 지켜보았다. 요세푸스는 안도의 한숨을 쉬며 생각했다.

'그래, 나는 적어도 디도의 후원으로 팍스 로마나(*Pax Romana*, 로마의 평화) 속에 안착할 수 있을 거야.[2]

그 예언에 대한 내 해석이 맞아야 할 텐데!'[3]

---

2 팍스 로마나는 전문적으로 "로마의 평화"를 의미하지만 그것이 원래 의미하던 바는 군사력을 동원하여 다양한 지역을 평정하는 것이었다. 하지만 요세푸스는 그 어구에 언어유희를 가미하여 전쟁 지대에서 벗어나 로마에서 평화와 안정을 누리기를 기대하며 말하고 있다.
3 우리는 사실상 요세푸스가 넷째 짐승을 로마 제국을 언급하는 것으로 해석하고 있음을 알고 있다. Ben Witherington III, *The Christology of Jesus* (Minneapolis: Fotress, 1990)에서 요세푸스의 『유대 전쟁사』에 대한 논의와 그 내용을 어떻게 이해하는지를 보라.

9

예배의 방문자들

미리암은 손님들이 펠라에 잘 적응하도록 여행 가이드 역할을 하는 있는 것 같았다. 아이들을 잠깐 떼어놓은 후 사래는 미리암과 함께 마을을 산보했다. 그들의 대화는 이 그리스 도시에서 행하는 예배 형식으로 옮겨갔다.

"펠라는 누구에게나 적합한 신들이 있는 도시입니다."

미리암이 사래에게 말했다.

"가장 최근의 것은 아우구스투스 황제와 그의 계승자들에게 헌정된 신전이지요. 그 신전을 짓는 데 엄청난 돈이 든 것 같아요."

"회당은 어떤가요?"

사래가 물었다.

"여기에도 유대인들이 있지요."

그렇지 않나요?

"유대인이 조금 있긴 하지만 회당을 짓기에 충분할 만큼 유대인들이 있었던 적은 없습니다. 어떤 면에서 실제로 그것은 여기에 있는 나와 우리 동료 그리스도인들에게는 상황을 좀 더 쉽게 만들어 주었어요. 회당 관리들과 불필요한 마찰을 일으킬 일이 없었거든요. 그리고 여기에 회당이 아예 없었기에 예수를 따르는 이들은 처음부터 한 집에서 모임을 하고 있답니다."

미리암은 펠라에서 매주 모이는 예배와 교제의 일원이 된 것에 행복해했지만, 한편으로 예루살렘 공동체와 그들의 예배를 생각할 때는 크게 상심이 되었다. 여기에는 사도들도 예수의 가족 중 어느 누구도 없었기에 예수 운동의 중심에 있다는 희열이 사라져 버렸다. 대부분의 경우 여기에서 모임들은 일반적인 회당 모임들과 유사했다.

"당신과 야손이 오늘 밤 모임에 나와 함께 갈 수 있을까요?"

"우리는 밤에 예배드린답니다. 하지만 안식일 밤보다는 일주일의 첫날에 예배하지요. 여기에서 우리가 드리는 예배는 예루살렘에서 드리던 예배와 매우 비슷합니다. 우리들 대부분은 예루살렘을 떠나기 전에 원래 거기서 예배하던 사람들이거든요."

사래는 깊은 한숨을 쉬고는 말했다.

"저는 오늘 밤에는 참석하지 않는 게 좋을 것 같아요. 아이들이 아직 불안해하고 안정이 안 되어 있거든요. 하지만 야손은 당신과 함께 가는 것을 기뻐하리라 확신합니다."

그들은 발걸음을 돌려 집으로 향했다.

골짜기를 건너고 가파른 언덕을 오른 후 나타나는 산마루 길을 걷는 행보는 미리암과 야손에게 시간이 좀 걸렸다. 이제는 태양이 좀 더 일찍 지고 그래서 좀 더 시원한 계절이 시작되고 있었다. 미리암은 모임 후 돌아올 그들의 여정을 위해 두 개의 이동식 등잔과 기름을 가지고 왔다.

> ### 펠라의 종교
>
> 1세기 펠라에는 수많은 종교가 공존했다. 그 도시에서 가장 오래된 종교는 그리스 종교였는데 펠라는 데가볼리의 열 개 도시 중 하나였기 때문이었다. 그러나 요안나가 언급했던 아우구스투스 신전에다 전쟁의 신 마르스(Mars)에게 봉헌된 훨씬 최근의 로마 신전도 있었다. 그 지역의 오랜 신들 몇몇도 경배되었고 고대 가나안 신전도 있었다.
> 이것은 로마 제국의 다신론적 환경의 전형적인 특징이었는데, 이 다원주의적 종교 현장에 황제 숭배(the emperor cult)와 기독교 믿음이 새로 추가되었다. 다른 종교와 비교해 탁월성을 주장하지 않는 한 그 어떤 종교도 평화적인 공존이 가능했다. 하지만 유대인들과 그리스도인들에게는 이것이 문제가 되었다.
> 황제 숭배 또한 그리스도인들, 특히 비유대인 그리스도인들에게 문제가 되었다. 유대인들은 황제 숭배의 의무에서 면제된 까닭이었다. 그럴지라도 펠라에 있는 그리스도인들은 아마도 A.D. 70년대에 있었던 황제 숭배에 대한 최후통첩을 맞닥뜨리지는 않았을 것이다.

골짜기를 건너고 가파른 언덕을 오른 후 나타나는 산마루 길을 걷는 행보는 미리암과 야손에게 시간이 좀 걸렸다. 이제는 태양이 좀 더 일찍 지고 그래서 좀 더 시원한 계절이 시작되고 있었다. 미리암은 모임 후 돌아올 그들의 여정을 위해 두 개의 이동식 등잔과 기름을 가지고 왔다.

그들이 걷고 있을 때 야손이 말했다.

"수많은 사람이 포도원과 올리브나무를 통해 생계를 꾸려가고 있는 것으로 보입니다만."

"그래요. 그리고 내 경우에는 당신이 추측했겠지만 여인들의 옷을 만들고 수선하는 일이 생계도 되고 잠시 머물 거처도 만들어 주고 있지요. 당신 아내는 아마도 그 일에 도움을 줄 수 있을 겁니다.

하지만 우리는 좀 더 많은 일감이 필요할 것입니다."

야손은 이것을 숙고했다.

"우리가 얼마 동안 펠라에 머물지 잘 모르겠어요. 그 예언조차 우리가 얼마나 머물지는 말씀하지 않고 여기로 달아나라고만 했잖아요."

"맞아요. 하지만 그 예언은 구체적으로 들어가면 우리가 알고 싶어 하는 모든 것을 말씀하지는 않아요."

미리암이 생각하는 바를 내뱉으며 대답했다.

"내 생각에는 그것도 하나님의 계획의 일부인 것 같아요. 우리가 모든 것을 미리 알았다면 우리는 매일매일을 믿음으로 살 필요가 없었을 것 아니에요?"

야손은 웃으며 대답했다.

"맞습니다. 하나님은 우리에게 소망을 주기에 충분할 만큼 계시해 주시지만, 우리가 믿음으로 살 필요가 없을 만큼 너무 많은 것을 알려주시지는 않으십니다. 아마도 그건 유익한 것입니다."

사진 9.1. 1세기의 등잔들

표. 9.2. 빌라(Villas)

빌라의 고전적 디자인은 다음의 요소들을 포함하였다: 입구, 안뜰에 있는 impulvium, tablinum, tricilinium, 안마당(courtyard)에 있는 기둥들로 싸인 정원, 부엌들, 주인의 서재, 이층 침실들, 그리고 뒤뜰과 몇몇 방.

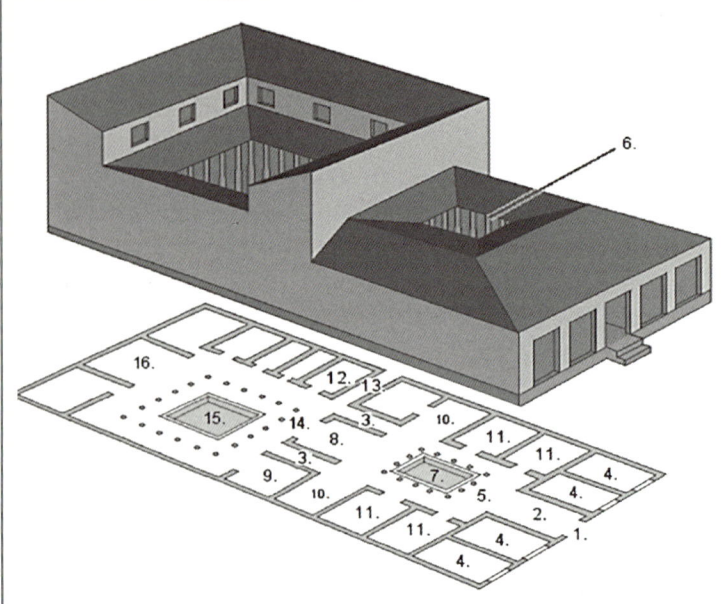

1. 오스티움 (ostium: 입구)
2. 베스티불룸 (vestibulum [fauces]: 현관 복도)
3. 파우케스 (fauces: 베스티불룸과 아트리움 사이를 이어주는 복도)
4. 타베르나 (tabernae: 가게나 창고로 쓰던 방-역주)
5. 아트리움 (atrium: 안뜰)
6. 콤플루비움 (compluvium:)
7. 임풀루비움 (Impluvium: 작은 연못)
8. 타블리눔 (tablinum: 접견실)
9. 트리클리니움 (tricilinium: 식당)
10. 알라이 (alae: 아트리움 양 옆에 있는 열린 방 -역주)
11. 쿠비쿨룸 (cubiculum: 침실)
12. 쿨리나 (culina: 부엌)
13. 포스티쿰 (posticum: 대문이 아닌 하인들이 사용하던 입구-역주)
14. 페리스틸리움 (peristylium: 열주랑이 있는 안뜰)
15. 피시나 (piscina: 연못)
16. 엑세드라 (exedra: 건물 내부의 높은 곳에 있는 반원형 또는 직4각형 벽감-역주)

미리암은 여자의 숙련된 발걸음으로 산마루 꼭대기에 올랐다. 산마루 정상에 다다른 그녀는 보상으로 잠시 쉬었다. 멀리 약속의 땅이 있는 요단강 너머로 태양이 지고 있었다.

벽돌로 된 벽과 타일로 만들어진 지붕을 가진 아리스토볼루스의 저택이 시야에 들어왔다. 비율상으로 고전적인 그 저택은 로마 기준에 비하면 고상하고 검소한 편이었다.

저택의 남쪽과 서쪽 면은 나무들로 그늘이 드리워졌고 이 높이에서 보면 주변 환경은, 아래쪽 계곡의 압도적인 경치는 말할 것도 없고, 언덕 기슭의 산들바람이 주는 유익을 전부 누리고 있었다. 시원하고 청량감 있는 저녁 공기 속에서 상대적으로 외진 공간이 예배를 위한 특별한 환경을 만들어 주었다.

하인 한 명이 따뜻한 환영 인사로 손님들을 맞아들일 준비를 하며 문가에 서 있었다. 미리암은 답례를 할 때 그녀의 심장 박동수가 빨라짐을 느꼈다. 그녀는 항상 이 부유한 사람의 집에 오면 어색하다는 느낌을 가졌다. 야손도 불편해 보여서 그녀는 그에게 속삭였다.

"여기 어색하지 않으세요?

저는 갈릴리바다 어촌의 초라하고 작은 집에서 성장했답니다. 그러나 아리스토볼루스와 그의 아내인 아리아드네(Ariadene)는 더 이상 친절할 수가 없어요. 그분들은 사람을 편하게 할 줄 아는 분들이에요. 한번 두고 보세요."

미리암은 종종 아리스토볼루스의 하인들조차 만족해하고 즐거워하던 것을 감지했다. 그녀의 생각에 하인들이 학대받고 있다는 것을 느끼기는 매우 쉬웠다. 하인들의 얼굴과 자세, 그들의 평상시 행동에서 보이는 것이었다.

그들이 안뜰로 들어가자 아리스토불루스와 아리아드네가 거기에서 입맞춤으로 미리암을 영접했고 그녀의 새 친구를 환영해 주었다. 기름을 든 다른 사람들은 누구든지 원하는 사람의 머리와 손과 발에 부을 준비를 하고 부부 너머에 서 있었다.

들어오는 사람들을 환영하는 것에 더하여 아리스토불루스는 또한 사람들에게 그가 그날 밤을 위하여 초대한 친구 한 사람을 소개했다. 율리우스(Julius)라는 이름을 가진 그는 아리스토불루스와 펠라에서 오래토록 함께 일한 터였다. 율리우스는 로마 사람이었지만 "동쪽 지역의 종파들"(Eastern sects)에 관심을 갖고 있었다.

기독교 가정의 노예들

초기 그리스도인들이 노예 제도에 어떻게 접근했는지를 생각하면서, 우리는 골로새서 3-4장과 에베소서 5-6장에 있는 이른바 가정 법규(household code)가 바울이 어느 정도의 기독교적 의미와 동정심을 투사했던 당시의 사회적 상황을 반영하고 있다는 사실을 명심할 필요가 있다.

이 가정 법규들은 당시 사회 상황을 완화하고 덜 억압적이 되도록 하기 위한 시도로 기독교 가정들을 위해 의도된 "내부적" 법규들이다. 바울과 다른 초기 그리스도인들은 제국의 사회적 제도들을 변화시킬 즉각적 기회를 얻지 못했다. 그들은 민주적 세상 안에 살지 않았고, 전제주의와 독재 정부가 규범이던 세상에서 살았다.

그래서 신약성경이 노예들 혹은 노예 제도에 대하여 이론적으로 말하는 바가 거의 없다는 것은 놀라운 일이 아니다. 그 주제가 직접 등장하는 유일한 때는 기독교 가정 안에서 노예들이 있을 때이다. 그러므로 신약성경에는 광산이나 배에서, 혹은 가사일보다 훨씬 어렵고 생명의 위협을 받을 수 있는 그런 현장에서 일하는 노예들에 대한 언급이 전혀 없다.

다른 한편, 신약성경은 웅변가나 가정 교사였던 가내(家內) 노예들에 대해서도 말하지 않는다. 가내 노동자들은 골로새서 3-4장과 에베소서 5-6장에서 언급된 자들이 유일한 유형의 노예들로 보인다.

> 우리가 바울서신들에 있는 가정 법규와 다른 그리스-로마 자료들, 즉 가사 운영에 대해 플루타르크 혹은 세네카에가 제시한 충고와 같은 자료들을 비교해 보면 놀랄 만큼 현저한 차이들이 있다. 이방의 가정 법규들은 그 집의 가장들에게는 지침이나 명령을 내리지 않는다. 대신, 그들에게는 어떻게 그들의 아내들, 아이들, 그리고 노예들을 통제할 것인가에 대한 지침이 주어진다.
>
> 그 어디에도 주인들이 노예들을 재산이 아닌 인격체로 대하여야 한다는 지침이 없고, 그 어디에도 아이들을 존중받아야 할 도덕적 행위자로 여겨야 한다는 지침이 없다. 달리 말하면, 이방인들의 법규에 있는 권면들은 가부장적 집안에 종속된 구성원들을 위한 것이다. 우리는 자신의 아내를 사랑하고 스스로를 아내에게 귀속된 몸으로 생각하라는 권면을 그 어디에서도 듣지 못한다.
>
> 우리는 하늘에 계신 주인을 기억하면서 자신이 대우받고 섬겨지도록 원하는 방식으로 자신의 노예를 대우하고 섬기라는 권면을 들을 수 없다. 또한 우리는 남편과 아내 사이에 피차 복종하라거나(참조. 엡 5:21) 자신의 자녀들을 억압하지 말라는 권면을 듣지 못한다.
>
> 하지만 우리는 바울의 가정 법규에서 이러한 내용과 그 이상에 대해 듣는다. 명백히 바울은 기독교 가정들의 상황 안에서부터 당시의 가정 구조를 개혁하고 교정하려고 시도하고 있다.[a]
>
> [a] 이 주제에 대한 더 많은 내용에 대해서는 Ben Witherington III, *The Letters to Philemon, Colossians, and Ephesians* (Grand Rapids: Eerdmans, 2007)를 보라.

율리우스는 짧게 친 검정색 곱슬머리를 갖고 150cm가 겨우 넘는 자그마한 체구의 사람이었다. 녹색 테두리가 있는 깨끗하고 하얀 토가(toga)를 입은 그는 근시 때문에 눈을 가늘게 떴는데, 그것은 그로 수상쩍거나 근심이 많은 사람처럼 보이게 했다.

미리암의 내부 경고 장치가 반응했다. 그녀는 그러한 외모의 사람을 좋아하지 않았던 것이다. 그러나 '사람을 외모로 취하지 말라'는 주님의 말씀을 기억하면서 그녀는 열린 마음을 유지하기로 결심했다. 그러나 이 방문자가 문제를 야기하지 않을까 세심하고 걱정스럽게 살피지 않을 수 없었다.

공동체의 관례에 따라 그들의 예배는 공동 식사로 마무리되었다. 대단한 식사였다. 메인 요리는 '가룸'(garum)이라고 불리는 훌륭한 절임 생선 소스가 가미된 가자미(turbot)였는데, 그 소스는 고기와 심지어 빵에도 잘 어울렸다. 미리암은 식사를 하며 회당 근처 커다란 생선 가공 공장이 있던 믹달의 자기 집을 떠올렸다.

요리용 가룸

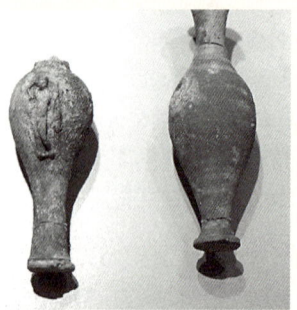

사진 9.3. 가룸 항아리

가룸(garum)은 작은 생선의 내장으로 만들어졌으며 박테리아에 의한 발효의 과정을 통해 생산되었다.[a] 어부들은 생선의 모양과 부위에 따라 그들의 포획물을 배치했다. 이 작업은 제조업자들이 정확히 원하는 내용물을 직접 선택하게 해 주었다.

그 후에 고기의 부분들은 소금으로 덮였다. 햇볕에 건조하는 일은 한 달에서 석 달이 소요되는 오랜 과정이었다. 태양의 열기 속에서 그 혼합물은 발효된 후에 부패를 방지하는 소금과 함께 액화되었다. 따라서 가룸은 항아리의 입구까지 거품이 차오르는 선명한 액체였다.

가룸은 발효되고 있는 그릇 안에 삽입된 여과기를 통해 추출되었다. 남아 있는 앙금은 알렉(allec)이라고 불렸다. 방향성 허브 액기스가 더해지는 경우도 있었다. 풍미는 생산 지역에 따라 다양했을 터인데, 합성 원료는 때때로 생산자의 정원에서 취해졌다. 최종적 결과물은 매우 영양가 있었고 미네랄, 비타민 B, 단백질, 아미노산 등이 매우 풍부했다. 또한, 가룸은 글루타민산이 매우 풍부하여서 현대의 글루탐산 소다(monosodium glutamate)와 같은 용도로 사용되었다. 올리브 오일과 마찬가지로 가룸에는 다양한 등급과 질의 차이가 있었지만, 아리스토볼루스 같은 부유한 사람만이 최상품을 살 수 있었다.

a Robert I. Curtis, "The Garum Shop of Pompeii," *Cronache Pompeiane 31*, n. 94 (1979), 특히 5-23을 보라. 또한, Curtis의 나중 저술, "Spanish Trade in Salted Fish Products in the 1st and 2nd Centuries A.D.," *International Journal of Nautical Archaeology and Underwater Exploration* 39 (1988): 205-10.

미리암은 훌륭한 음식에 아리스토볼루스와 아리아드네에게 찬사의 말을 했다. 그녀는 손님들에게 모두 동일한 음식이 제공된 것에 대해 만족해하며 주목했다. 이것은 매우 계층화된 로마 사회에서 자주 있는 일이 아니었다. 그 세계에서는 식당에서 자리와 심지어 음식의 질조차 종종 그 사람의 사회적 지위에 따라 차이가 있었다. 미리암이 아리아드네에게 말했다.

이 가룸을 어디서 구했는지 말씀해 주시겠어요? 나는 그토록 풍성한 풍미를 지닌 생선 소스를 먹어본 적이 없어요! 배티아(Baetia)에서 직수입해 옵니다. 아리스토볼루스가 무역업을 하기 때문에 최상품을 구할 수 있답니다. 하지만 제가 말씀드릴 수 있는 것은 최근 3-4년 넘게 유대 땅의 소요로 인해 그런 물건 구하기가 점점 더 어려워지고 있다는 사실입니다. 상인에게나 공급자에게나 일거리가 줄어들고 있는데, 그것은 우리가 지중해의 어느 항구에서도 꽤 먼 곳에 있기 때문입니다.

미리암은 알았다는 듯 머리를 끄덕이며 계속 소스로 음식에 풍미를 더했다.

이날 저녁을 맡은 선생은 나이가 제법 들어 보이는 아가보(Agabus)라는 이름의 남자였다. 그는 예루살렘의 사도들뿐 아니라 바울을 알고 있을 뿐만 아니라 안디옥과 수리아 여러 곳에서 유명한 예언을 함으로써 존경을 받았다. 아가보는 낯선 저녁 손님으로, 그는 누더기 외투를 입고 더부룩한 수염에 대머리였고, 이빨이 빠져 있는 데다가 악취를 풍기고 있었다. 어떤 이유에서인지 아리스토볼루스는 그를 율리우스 정면 소파에 앉게 했는데, 그 모습은 값비싼 토가를 입고 깔끔한 두건을 쓴 로마 사람과 사뭇 대조되었다.

미리암은 율리우스가 아가보와 계속 대화하려는 것을 지켜 보았다. 그러나 귀가 매우 어두운 아가보는 바로 오른편에 있는 몇 사람과만 큰 목소리로 말할 뿐이었다. 아가보에게 계속 말을 걸려던 율리우스는 결국 얼굴을 약간 찌뿌리며 그를 외면하고 말았다.

예배 시간이 되자 다들 기둥이 열 지어 있는 안뜰로 자리를 옮겼는데, 그곳에는 앉아 있기를 원하는 사람들을 위해 하인들이 이미 벤치를 준비해 놓았다. 아가보는 유대 관습에 따라 가르치는 동안 앉아 있기로 했다.

아가보는 모든 사람이 그를 볼 수 있도록 열주 기둥들의 맨 끝쪽에 자리를 잡았다. 그것은 매우 극적인 장면을 연출했는데, 많은 사람이 탁자에서 열주 기둥들까지 손으로 들고 다니는 등불을 가져왔기 때문이다. 그리하여 아가보의 끝자락에서 정원의 양쪽을 따라 깜박이는 별들이 길게 줄지어 서 있는 것처럼 보였다.

크고 훌륭한 목소리를 가진 아가보는 손을 하늘로 들어 짧은 기도를 드리기 시작했다.

주님! 우리는 오늘밤 여기 당신의 임재와 당신의 영의 임재를 간구합니다. 우리는 당신이 왕 중의 왕이시며 주 중의 주이심을 압니다. 그리고 우리는 당신이 이 시간의 가르침을 주관하시고 주도하셔서 내 입에서 나오는 말과 우리의 모든 마음의 묵상이 주님께 열납되기를 간구합니다. 아멘.

그는 목청을 가다듬었다.

"다른 선지자들이 있습니다. 그러니까 제가 아니라 오늘밤 우리 가운데 계신 다른 분들을 말씀드리는 것입니다. 제가 가르침을 주기 전에 한 사람을 앞으로 나오게 하여 그로 지혜의 말을 전하게 합시다."

거의 즉각적으로 아름다운 젊은 여인, 명백히 노예 신분의 여인이 일어서서 말하기 시작했다.

늑대들을 조심할지어다.
그들은 약한 자들을 잡아 먹고 하나님의 양들을 길을 잃게 하는 자들이다.
가난한 자들을 착취하고 과부들을 속이는 부유하고 권세 있는 자들을 조심할지어다.
자신의 이익을 위하여 사람을 능히 배신할 준비가 되어 있는 유다와 같은 거짓 친구들을 조심할지어다.
경계하고 깨어 있으라.
너희는 늑대가 공격할 시간을 알지 못하기 때문이다.

> **저녁 식사 차별**
>
> 로마의 전문가 마르티알(Martial)의 유명한 경구가 로마식 식사에서 현저하게 자명한 계층 구조를 증언한다.
> 저녁 식사에 초대된 나는 더 이상 전처럼 대접받지 않는데, 왜 나에게는 당신과 같은 동일한 식사가 제공되지 않는 것입니까?
> 당신에게는 루크린호수(Lucrine lake)에서 건져 올린 살이 통통히 오른 굴(oysters)이 있는데, 나는 삿갓조개 끝을 빨다가 입술만 찢고 있습니다. 당신 앞에는 훌륭한 버섯들이 놓여 있지만, 나는 단지 돼지들에게나 어울릴 음식을 먹고 있습니다. 당신은 가자미를 대접받았지만, 나에게는 잡어(sparulus)만 주는군요. 황금 멧비둘기가 그 살찐 몸으로 당신의 위장을 가득 채우지만, 내 앞에는 둥지에서 죽은 까치가 놓였습니다.
> 폰티쿠스(Ponticus), 내가 당신과 식사할 때 왜 당신이 없이 식사를 해야 합니까?
> 더 이상 [당신에게 바치는] 뇌물(sportula)이 없어도 되는 은혜를 베풀어 줄 수는 없습니까?
> 동일한 요리를 먹으면 안 되겠습니까?"[a]
>
> ---
>
> [a] *The Epigrams of Martial* (London: George Bell and Sons, 1907), 159.

그녀는 경고를 분명히 전달한 후 자리에 앉아 그 밤의 나머지 시간에는 침묵했다. 아가보는 그녀가 유용한 경고를 했다고 칭찬한 후 이렇게 말했다.

친구들이여!
우리는 우리 주님을 경배하기 위해 우리의 은혜로운 집주인들 덕분에 여기에 모였습니다. 우리는 모두 주님의 종입니다. 오늘밤 나의 가르침은 그분의 가장 유명한 비유 중 하나에 근거합니다. 강청하는 과부와 불의한 재판관의 비유입니다. 여러분이 그 이야기를 기억할 수 없다면 그 이야기를 한 번 더 말씀드리지요.

어떤 마을에 하나님을 두려워하지도 않고 사람들이 무엇을 생각하는지 관심도 없는 한 재판관이 있었습니다. 그리고 그 마을에는 그 재판관에게 나아와 계속 "내 대적으로 인한 억울함을 풀어주세요"라고 강청하는 한 과부가 있었습니다. 한동안 그는 거절했습니다. 그러나 마침내 그는 자신에게 말했습니다.

"내가 하나님을 두려워하지도 않고 사람들이 무엇을 생각하는지 관심도 없지만, 이 과부가 나를 계속 괴롭히기 때문에 나는 그녀가 정당하게 대우를 받을 수 있는지 알아보아야겠다. 그러면 마침내 이 과부가 나를 찾아와 힘들게 하지는 않을 거야!"

그리고 주님이 덧붙이셨습니다.

"그 불의한 재판관이 말하는 것을 들어보아라.

밤낮으로 울부짖는 하나님의 택한 자들에게 그분께서 공의를 베풀어 주시지 않겠느냐?

하나님께서 그들을 계속 거부하시겠느냐?

내가 말하노니 하나님은 그들에게 정의가 주어지도록 신속히 살피신다.

그러나 인자가 올 때 이 땅에 믿음을 찾을 수 있을까?"

아가보는 자신의 무릎에 손을 포개고 가르치기 시작했다.

여러분은 예수께서 우리가 너무 자주 여인들, 즉 자신이 원하는 것을 얻을 때까지 남성들에게 징징대는 여인들의 말을 들어주는 것에 대해 일종의 불평을 하고 계신다고 쉽게 생각할 수 있습니다. 그러나 우리가 따라야 할 모범으로 제시되고 있는 것은 이 여인과 그녀의 끈기임을 주목하십시오.

그 이야기는 신원함(vindication)과 또한 어떻게 과부들이 자주 양심적이지 못한 남성들에 의해 착취당하는지에 관한 것입니다. 예를 들면, 그들은 종종 그들의 남편이 죽었을 때 재산에 대해 속임을 당하고 빼앗깁니다. 여러분 가운데 많은 사람이 알듯이, 이제 유대 율법이 작동하는 방식은 먼저 재판관에게 가서 어떤 재산에 대하여 청구권을 요구하는 사람이 누구든지 소유권을 얻을 가능성 매우 크다는 것입니다. 특히 그 재판관 자신이 이야기 속의 인물처럼 양심적이지 않다면 더욱 그러하겠지요. 물론 그러할지라도 많은 재판관은 공정하기 위해 최선을 다합니다.

율리우스는 가까이 앉아서 이 이야기와 이야기의 해설을 듣고 있었고 미리암은 그가 자신의 자리에서 불편하게 몸을 움직이고 있는 것을 알아차렸다.

그 이야기가 말하는 것처럼 그 과부는 이미 어려움에 부닥쳤는데, 그녀는 재판관을 먼저 만나지 못했고 재판관을 먼저 만난 사람은 그 이야기가 말하듯이 그녀의 원수였기 때문입니다. 단지 소송의 당사자가 아니라 원수였단 말입니다.
달리 말하면 문제가 있어요. 이제 그 재판관이 단지 그 여인을 무시하거나 너무 늦게 왔다는 이유로 기각할 유혹을 받고 있습니다. 그러나 문제는 그가 이 전략을 쓰려고 할 때 그녀가 계속 다시 돌아오고 … 다시 돌아오고 … 다시 돌아오고 있다는 것입니다. 우리를 괴롭히길 절대 멈추지 않는 파리와 같습니다.
참 하나님을 무시하고 대중들이 자신에 대해 무엇을 생각하는지는 큰 관심이 없을지라도 그는 명백히 공적으로 창피당하거나 수치당하는 것을 원치 않는 허영심 많은 사람입니다. 당연히 늙은 여인에게 그런 일을 당하고 싶어 하지 않겠지요.

사실상 그는 그녀가 와서 그의 코에 펀치를 날리기 전 그녀가 원하는 바를 그녀에게 주는 것이 더 나음을 인정합니다. 달리 말하면 자기 보존 성향이 발휘됨으로써 그 여인은 그녀의 대적 앞에서 당한 억울함을 풀게 됩니다. 이제 이 자그마한 은유적 이야기, 이 비유(*parabolas*)가 진정으로 말하는 바는 무엇입니까?

우리는 그 이야기에 여러 상징적 요소가 있음을 기억해야 합니다. 그러나 그 이야기는 하나의 유비를 포함하고 있습니다. 그리하여 예를 들면 세상의 심판주이신 하나님과 이 재판관을 단순히 모든 면에서, 혹은 대부분의 면에서 같다고 생각한다면 실수가 될 것입니다. 하나님은 불의한 재판관이 아니시며 그분의 아들 인자가 돌아오실 때 그분은 세상을 완전히 공정하게, 심지어 긍휼함으로 심판하실 것입니다.

그러나 요점은 수많은 유대적 이야기의 요점과 유사합니다.

이 사람조차, 즉 나쁜 재판관조차 그 늙은 여인의 억울함을 마침내 풀어 준다면 진정한 재판관이신 하나님은 밤낮 그분께 울부짖는 그의 백성들의 억울함을 얼마나 더 풀어주시지 않을까요?

이 이야기는 하나님께서 그분의 백성들을 적절한 시간에 신원해 주신다는 확증입니다.

그러나 그 이야기의 종결이 질문하는 것처럼 인자가 오실 때 그분이 우리들의 신실함을 찾아내실까요?

질문은 하나님이 신실하셔서 그분의 약속을 지키시고 그분 백성들의 억울함을 풀어주실지가 아닙니다. 질문은 우리가 계속 하나님을 신뢰할지에 대한 것입니다.

이 작은 이야기는 끈기 있게 기도하며 절대 포기하지 말라는 권면으로 비칠 수 있습니다. 하나님이 기도에 대해 마지못해 응답하시는 분이시기 때문이 아니라 하나님은 최상의 시기가 언제인지를 아시기 때문입니다.
하나님은 심지어 기도에 긍정적으로 응답하시는 것이 우리를 위해 유익이 될지 해가 될지도 아십니다. 때로는 거절이 우리가 원하는 응답이 아닐지라도 우리에게 필요한 기도의 응답입니다.

이 밤에 모인 사람들은 좀 더 묵상적인 분위기에 젖어들어 아가보의 가르침 후에 아무런 질문도 하지 않았다. 대신 그들은 소위 가난한 자들 특히 과부와 고아들뿐만 아니라 미리암과 같은 홀로 된 사람을 위해 헌금한 후 찬송을 몇 곡 불렀다.

특별히, 한 곡의 찬송이 미리암을 깊이 감동시켰다. 그 찬송은 열주 기둥들 한쪽에 있는 남성들과 그 기둥의 다른 편에 있는 여인들 사이에 주고받는 초청과 응답의 찬송이었다.

남성	여성
내가 깊은 곳에서 주께 부르짖었나이다	내가 깊은 곳에서 주께 부르짖었나이다
주여 내 소리를 들으시며	주여 내 소리를 들으시며
자비를 구하는 나의 부르짖음에	자비를 구하는 나의 부르짖음에
귀를 기울이소서	귀를 기울이소서

천천히 찬송하는 몇 구절을 가진 그 시편은 아가보의 가르침과 동일한 어조를 띤다. 합창이 밤공기를 가득 채울 때 미리암의 눈물이 터져 나와 그녀의 뺨 위로 흘러내렸다. 그녀는 자신이 그 이야기 속 과부처럼 느껴졌다.

그녀는 홀로되고 혼자 남게 되었을 때 얼마나 자주 하나님께 부르짖었던가!

이 밤에 하나님께서 그녀에게 말씀하시는 것 같았다.

그러나 그 메시지는 무엇이었는가?

하나님께서 그녀의 부르짖음을 들으셨다는 것인가?

주께서 들으시고 그분이 야손과 그의 가족을 보내셔서 환난의 때에 위로와 도움이 되게 하신 것인가?

아마도 그럴 것이다. 예배를 마친 후, 사람들은 아가보와 아리스토볼루스 주위에 모여들어 그 밤의 은혜가 임하는 데 도움을 준 사람들에게 감사를 표했다.

미리암은 율리우스가 아리스토볼루스에게 첫 번째로 감사를 표한 후 저택의 정문으로 가는 타블리눔을 통하여 재빨리 돌아가는 것을 보았다. 미리암이 야손에게 다가갔을 때 그녀는 그의 얼굴에 피어오른 감격을 보았다.

"이처럼 훌륭한 예배와 교제 시간에 참여해 본 지가 상당히 오래되었답니다.

얼마나 큰 축복인지요!"

"정말 그래요."

미리암이 미소 지었다.

"그러나 우리는 등불을 키고 언덕 아래로 내려가야 해요."

집주인 내외와 작별의 포옹을 나눈 후 미리암과 야손은 그들이 방금 노래한, 성전으로 올라가는 찬송을 허밍으로 부르면서 내려가기 시작했다.

10

갈림길

여리고에 머문 시간이 즐거웠던 만큼 레위는 이제 가벼나움으로 이동해야 할 시간이라고 느꼈다. 예루살렘 함락 후 4일째 되는 날이었다. 소탕 작전이 인근 마을과 촌락들을 휩쓸기 시작했을 것이고 조만간 여리고에도 군인들이 들이닥칠 것이다.

레위는 지금은 유대 땅 안이나 인근의 어느 곳보다 호숫가의 상황이 더 조용하다는 말을 들었다. 그는 예수의 생애에 대한 기사를 써야 한다는 어떤 긴급성을 느꼈다.

그는 예수의 가르침에 대해 좀 더 배우기 위해 긴네렛호수(Kinneret Sea) 북서쪽에서 예수를 따랐던 사람들을 찾아낼 계획을 세우고 있었다. 그는 내러티브와 함께 예수의 단편적 가르침이 있는 기사, 즉 자기와 같은 선생이 사용할 수 있는 기사를 이미 생생하게 그려낼 수 있었다.

여리고를 떠나려는 사람은 레위만은 아니었다. 요안나, 미리암, 마르다도 그러했다. 네 사람은 함께 요단강을 가로질러 왕의 대로(King's Highway)를 타고 올라갈 것이다. 그러나 여인들은 펠라로 향하는 옆길로 빠질 계획이었고 레위는 계속 진행하여 긴네렛 정남쪽에 있는 요단강을 건너게 될 것이다.

짐을 싸는 일은 오래 걸리지 않았다. 삭개오 가정 사람들에게 작별 인사를 하고 그들의 환대와 작은 송별연에 대해 감사를 표한 후, 그들은 새벽이 동쪽 언덕 너머로 붉은 기운을 드리울 때 요단강 쪽으로 내려갔다. 그들은 모두 미래에 대한 자신만의 생각에 사로잡혀 말없이 걷고 있었다.

요단강에 다다랐을 때 그들은 예상치 못한 것을 보게 되었다. 처음에는 율법을 엄격히 준수하는 어떤 유대인들이 아침 정화 의식(ritual ablutions)을 거행하는 줄 알았다. 하지만 여리고에는 그 정화 의식 용도의 작은 저수조인 '미크바오트'(mikva'ot)가 따로 있었다.

하지만 그때 레위는 한 사람이 강에서 다른 한 사람을 물에 담그고 있음을 알아차렸다.

"보세요!"

그가 말했다.

"누군가 세례를 받고 있어요!"

"그들은 예수님을 따르는 이들이 틀림없어요!"

마르다가 말했다.

"그들에게 말을 걸어봅시다."

두 사람이 요단강을 나오고 있을 때―그들은 흥분하여 아람어로 말하고 있었다―부끄럼이 없는 마르다가 그들에게 다가갔다.

"당신들은 주님의 제자들입니까?"

좀더 키가 큰 사람이 처음에는 의심의 눈초리로 살피더니 마르다의 열정 어린 얼굴을 보고는 긴장을 풀고 대답했다.

"예, 그렇습니다. 우리는 여기 세례받으러 왔습니다. 요한이 세례를 베풀었던 곳이 틀림없이 이 근처이기 때문입니다."

미크베

히브리어 '미크베'(*mikveh*)는 어떤 사물의 수집물을 가리키는데, 보통은 물을 모아 놓는 것을 말한다. '미크베'의 목적은 신체에 대한 정화 의식(ritual cleansing)이며 최근 점점 더 많은 미크베(*mikva'ot*)가 이스라엘 지역 전반에 있는 고고학적 유적지에서 발견되고 있다. 이는 초기의 많은 유대인이 얼마나 율법 준수에 관심이 있었는지를 보여준다.

예를 들면, 그것들은 예루살렘, 나사렛, 가나, 그리고 쿰란에서 발견되었다.

사진 10.1. 쿰란에 있는 미크베(*Mikveh*) **계단들**

레위기(레 11:36을 보라)에 보면 다양한 규정이 어떤 사람이 의식적으로 부정하게 되었을 때, 그러한 부정함을 제거하기 위해서는 물 속에 완전히 잠기는 것이 요구했음을 의미하는 것으로 해석된다. 여인들의 경우 생리와 출산은 부정하게 되는 원인으로 여겨졌고 남성들의 경우 밤에 정액을 방출하는 것이 부정함의 원인이 되었다. 시신 혹은 부정하거나 병든 사람을 만지는 일, 병에 걸리는 것, 혹은 부정한 음식을 먹는 것이 남성들과 여성들 모두를 의식적으로 부정하게 만들 수 있었다.

이 상태의 회복 절차는 간단했다. 의식용 물로 들어가는 계단으로 내려가 '미크베'에 들어갔다가 다시 자신을 더럽히지 않도록 다른 계단으로 나가는 것이었다. 자신을 요단강처럼 더욱 큰 용량의 물에서 자신을 씻는 것도 가능했다.

어떤 초기 유대인은 더욱 심한 부정은 "살아 있는 물"(living water)이라고 불리는 물 속에서 더욱 깊은 정화를 요구한다고 생각했다. '살아 있는 물'은 움직이는 물이 있는 샘 혹은 강을 가리켰다.

사진 10.2. 이중의 계단을 가진 미크베(*Mikveh*)

마르다가 말했다.

"맞습니다. 요단강 맞은 쪽 근처, 길 건너 애논(Aenon)이죠. 하지만 당신이 옳습니다. 이 근처입니다."

보다 키가 큰 사람이 물었다.

"성함을 여쭈어 봐도 실례가 안될까요?"

"저는 마르다입니다. 주님의 유대 제자 중 한 사람이지요. 지금까지 저는 베다니에 살았습니다."

이 말을 듣고 그 사람의 얼굴이 밝아졌다.

저는 최근 예수님의 제자가 된 요한난(Johannan)입니다. 그리고 실제로 당신에 대해 들은 적이 있어요! 저는 여리고 근처에 살고 있고 여기 있는 제 친구 예후다(Jehuda)는 주님의 제자가 된 지 10년이 넘었습니다. 그는 마사다 근처의 광야 출신입니다. 그는 저에게 예수님의 도를 가르쳐 주면서 예수님의 직계 남녀 제자들에 대해서도 이야기해 주었답니다. 주님은 여자 제자들을 둘 정도로 급진적인 분이셨지요.

"맞아요. 어떤 사람들은 바로 그런 이유로 예수님께 화를 냈답니다."

레위가 말했다.

요안나가 덧붙였다.

세상을 떠난 저의 남편 구사(Chuza)도 그랬지요. 저는 주님과 열두 제자와 함께 갈릴리와 유대 땅에서 여행했답니다. 이 사안에 대해 말들이 참 많았지요. 어떤 이들은 예수께서 결국 거룩한 사람이 아니라고 단정했어요. 그분과 함께 여행한 여자들 중 누구도 그분의 친척이 아니었기 때문이죠.

세 여인과 레위가 세례를 행하는 자들을 떠날 때 그들의 사기는 고조되었고 그들의 마음은 기쁨으로 노래했다. 그들은 옷매무시를 가다듬고 얕은 강을 건너갔다.

겨울 강우가 내린 후인 봄에는 급류가 흘러서 강을 건너는 것이 어렵거나 불가능했겠지만 8월 말인 지금은 강보다는 깊은 개울을 건너는 것과 같았다. 그들은 허벅지까지 젖은 채 강의 다른 쪽으로 올라왔다.

일행은 북쪽으로 방향을 틀어서 왕의 대로 최북단을 향해 여행하기 시작했다. 사실상 그 길은 남쪽으로는 나바테아 사람들

(Nabateans)의 지경에 있는 페트라를 관통하여 홍해까지 뻗어 있었다. 청명한 날에는 시온산에서 광야 가운데 빛나는 이 근사한 도시의 일부를 실제로 볼 수 있었다.

길에는 수많은 여행자가 있었다. 그 길은 상업과 여행을 위해 남북으로 뚫린 주요 간선로였기 때문이다. 북쪽을 향해 여행을 시작했을 때 이 네 명의 나이 든 소수의 무리는 사람들의 이목을 거의 끌지 못했다.

한 시간쯤 후, 그들이 한 오아시스에 다다랐을 때, 그들은 충격적인 광경과 맞닥뜨렸다. 길에서 오른쪽으로 약 50미터 떨어진 곳에 부패 중인 시신이 십자가에 달려 있었다. 십자가의 가로막대 위에 새들이 앉아 남은 살점을 찾아 들쑤시고 있었다.

역겹고 썩은 냄새가 진동하자 그 여인들은 외투로 자신들의 얼굴을 가리고 시선을 돌렸다. 그것은 로마인들에게 저항한 사람들의 운명을 증명하는 로마식 서명 날인이었다. 그 여행자들은 그곳을 지날 때 아무 말도 하지 않았다.

작은 샘에 이르러서야 그들은 휴식을 위해 멈췄다. 시원한 샘물이 그들의 신경과 위장을 진정시켜 주었다. 그러나 그늘은 곧바로 떠났는데 펠라는 멀고 그 길은 지체하는 사람들에게 관용을 베풀지 않았기 때문이다. 그들은 레위의 길이 갈릴리로 향하여 꺾이는 곳까지 움직일 요량이었고 그날 밤 거기서 함께 야영하게 될 것이었다.

레위는 도착하기에 앞서 이미 생각하고 있었다. 지금 갈릴리에서 헤롯의 통치는 끝났다. 디베랴에서 그 지역을 살피려는 로마 사절단의 회담이 있었는데 레위는 사실상 갈릴리가 유대의 주이든 수리아의 주이든 상관없이 로마의 주(province)에 병합될까 두려웠다. 그때에는 유대에서처럼 로마가 갈릴리를 직접 통치하게 될 것이다. 갈릴리에는 그와 같은 유대인 세리들이 남을 것이다. 그는 여전히 가버나움에서 살 만한 조용한 집을 찾을 수 있을 거라 확신했는데, 자신의 세리 직업을 염두에 두면서, 예수 이야기를 집필하면서 겪을 어떤 어려움도 피할 수 있을 거라 생각했다.

오아시스 북쪽으로의 여행은 세 시간이 더 걸렸다. 도보로 여행하는 데 익숙한 나이 든 여인들이었지만, 그들은 샌들을 신은 발이 아프기 전 하루에 여행할 수 있는 한계가 약 15마일(24km)임을 알고 있었다. 교차로 근처의 작은 야영지에 그들의 얇은 침대용 모포를 깔고 약간의 음식을 먹고 물을 마신 후 밤을 지낼 준비를 했다. 도로에서 만난 여러 상황에도 불구하고 잠이 쉽사리 들지 않았다. 광야의 밤 하늘은 별들로 빛나고 있었다.

레위는 꿈을 꾸면서 잠들었는데 두루마리로 가득 찬 방에 대한 꿈이었다. 그 방으로 안내된 그는 하나의 특별한 문서를 미친 듯이 찾았다. 꿈 속에서 그는 자신이 무엇을 찾고 있는지를 모른 채 여러 시간 동안 찾고 또 찾았다. 그가 외쳤다.

"주님의 말씀들이 어디 있습니까?

누가 그것을 가지고 있습니까?"

큰 목소리가 대답했다.

"벳새다에 있는 어부의 집으로 가라.

그러면 그 말씀들을 찾게 될 것이다."

"어떤 어부의 집입니까?"

레위가 다시물었지만, 침묵만 있었다. 레위는 문득 잠이 깨어 하늘을 응시했다.

광야의 바람이 불고 있었고 레위는 몸을 떨었다. 그는 외투를 감싸며 몸을 틀고는 이리저리 뒤척이며 새벽까지 잠을 설쳤다.

11

율리우스가 보고하다

율리우스와 그의 상관 그라쿠스 사이의 대화가 무르익었다. 그라쿠스는 율리우스를 포함하여 펠라에 사는 많은 사람의 부유한 후원자였다. 그는 펠라에 있는 황제 숭배 신전에 아낌없이 재물을 쏟아부었고 그곳의 바실리카(basilica)[1] 개축에도 도움을 주었다.

그는 '민회'(demos, ekklesia)의 관직에 입후보하는 수많은 출마자를 위해 표를 샀고, 많은 종교 행사와 공적 사업을 주관하여 대부분의 시민은 그를 펠라의 제1시민으로 존경했다. 율리우스가 말했다.

내 주, 그라쿠스님. 우리는 결국 이 도시에 남은 그리스도의 제자들을 세거해야 할 것입니다. 그들 가운데 많은 사람은 아리스토볼루스와 같이 영향력 있는 시민입니다. 그러나 저는 예수라는 이름을 가진 유대인 남성, 명백히 유대 땅에서 우리 총독에게 십자가에 못 박혀 죽은 자를 신봉하는 이 치명적인 동방 제의(Eastern worship)가 중지되어야 할 필요가 있다고 생각합니다. 특히 이자들은 다른 신들과 다른 주들의 존재를 부인하기 때문입니다.

---

1 끝 부분이 둥그렇고, 내부에 기둥이 두 줄로 서 있는 큰 교회나 회관-역주.

그라쿠스가 화를 내며 말했다.

"그자들이 그런 식으로 행동한다면, 그들은 황제를 숭배하지 않음으로써 반역죄를 저지르는 것이 아닌가!

내가 황제를 위해 새로운 신전을 여기에 직접 세웠단 말이야."

율리우스는 그의 비위를 거스르지 않으려고 했다.

"그러나, 주인님! 이 예배자 중 많은 이는 그들이 유대인이기 때문에 황제 숭배에서 면제된 자들입니다. 그들은 황제에게 기도하는 것이 아니라 황제를 위해 기도함으로써 황제를 존중합니다."

"맞아! 그러나 이것은 아리스토볼루스에게 적용될 수 없어. 그는 그리스인이야. 전혀 유대인이 아니란 말이지."

민회(DEMOS, 데모스)

이 용어는 '민주적인'(democratic)이라는 단어의 어원이며, 그리스 아티카(Attica)에 있던 자치제(municipality)에 대해서도 사용될 수 있었지만 그리스에서 민주적으로 선출된 회합인 '에클레시아'(ekklēsia)의 대용어로 사용되었다. 이 용어는 또한 고대 그리스의 도시 국가에 속한 평범한 시민들을 가리켰다.

알렉산더와 그의 계승자들에 의해 세워지거나 수용된 동방 대부분의 고대 그리스 도시들과 마찬가지로 펠라는 여전히 그리스 정치 형태를 유지했다. 물론 펠라에는 부유한 그리스인들도 있었겠지만, 사실상 그 도시는 부유한 자들 특히 로마의 부유한 자들에 의해 다스려졌다.

펠라는 데가볼리의 한 부분이었기에 열 개의 도시 안에서 정부가 작동하는 방식은 유사했지만, 그 도시들 중 어느 곳도 뇌물과 및 강력하고 영향력 있는 이들이 표를 매수하는 일에 영향을 받지 않을 수는 없었다.

"내 주께선 아리스토볼루스가 법정에 소환되어야 한다고 말씀하시는 것입니까?

아시겠지만, 그에게는 펠라에 많은 친구가 있습니다. 그러한 조치는 동의를 얻기 어려울 텐데요."

그라쿠스는 잠시 생각하더니 빈약한 턱수염을 쓰다듬으며 말했다.

"그렇지 않을 수도 있지.

아마도 그와 좋지 않은 관계를 가진 자들도 있을 거야.

자네가 갔을 때 그 예배에 참석했던 노예들이 있었나?"

"예, 그렇습니다. 주인님!

노예들이 있었지요. 대부분 아리스토볼루스의 집안에 속한 노예들이었습니다. 그러나 헥토르(Hector)라 불리는 상인에게 속한 것으로 보이는 젊고 예쁜 노예 한 사람을 본 적이 있는데, 그녀의 예언은 솔직히 저를 전율시켰습니다. 그녀는 어떻게든 제가 아리스토볼루스의 집을 방문한 의도를 알아차린 것 같았습니다.

"율리우스! 왜 그 여인을 체포하지 않았나?

그리고 왜 그 여인 거짓 영매나 여선지자라고 주장하지 않았나?

왜 그 여인이 미신적 관습을 행한다고 고소하지 않았나?

그건 여기에서 고소되어야 할 범죄인데 말이야."[2]

"그렇군요. 그거 좋은 생각입니다."

율리우스는 골똘히 생각하며 말했다.

노예가 주인의 허락도 없이 말하는 것에 저는 놀랐습니다. 이것이 제가 그 모임을 싫어하는 또 하나의 이유입니다. 회합 전의 식사에서는 모든 사람

---

[2] 로마에 의해 인정되지 않은 거짓 종교, 혹은 아덴에서 그 이슈가 제기된 종교.

이 동일한 음식과 동일한 대접을 받았습니다. 나는 심지어 누더기를 입은 악취 나는 유대인 늙은이의 건너편에 앉아야 했습니다. 그것은 아주 불쾌한 경험이었습니다. 아리스토볼루스는 그가 우리의 환대 예법을 위반하고 있다는 것을 조금도 의식하지 않는 것처럼 보였습니다.

"그렇다면 그것이 오히려 조치를 취해야 할 이유가 되겠군. 이 신흥 종교가 더 퍼지기 전에 싹을 잘라 버려야겠어."

"그렇습니다, 그라쿠스님! 하지만 그 행동조차 아리스토볼루스를 분노케 할 것입니다. 말하자면 저는 그 식사에 초대된 그의 손님이었던걸요."

"글쎄, 나의 친구여!

그것은 자네가 치러야 할 값이지. 결국 너의 후원자는 아리스토볼루스가 아니라 나란 말이야."

"암요, 그렇고 말고요. 아침에 모든 서류를 작성하겠습니다."

"좋아. 나는 자네가 사리 분별을 할 줄 아는 사람이라는 걸 알고 있었어."

그라쿠스의 얼굴이 평온해지면서 율리우스는 자신의 맥박이 느려짐을 느꼈다. 그의 뱃 속은 아직도 약간 거북스러웠지만 말이다.

12

여행, 그리고 토라를 얻기 위한 수고

여호수아(Joshua)는 "망치"(Hammer)로 알려진 백부장에게 다가갈 적절한 순간을 기다렸다. 그는 어느 기준에서 보든지 거구였고 바윗덩이 같은 사람으로 단단한 이두박근과 두터운 다리는 화강암으로 조각한 어떤 존재처럼 느끼게 했다.

그의 진짜 이름은 퀸투스 파보리누스(Quintus Favorinus)였다. 그러나 그의 상관들 외에는 어느 누구도 그의 이름을 감히 부를 수 없었다. 그는 많은 덕목을 갖추었는데 적어도 전쟁에 대해서 그랬다. 그러나 정직과 관대함은 그것들 속에 포함되지 않았다. 퀸투스 자신이 돈으로 매수될 수 있는 사람이 아니었고, 민첩한 사람이라도 퀸투스가 신중하게 이윤을 고려하고 있을 때만 그와 협상할 수 있었다.

그래서 여호수아는 성전이 불에 탄 뒤 5일째 되는 날 은밀하게 퀸투스에게 다가갔다. 퀸투스는 성전의 보물 창고에서 상당한 양의 약탈 물건들을 소유하고 있는 것으로 알려졌고 모든 소유를 로마로 수송하지는 못할 터였다.

폐허에서는 아직 연기가 나고 있었고, 디도와 그의 로마 부대들이 그들의 기수 역할을 하는 퀸투스를 데리고 떠나기 전 그 지역을 정리하기 위해 아직도 할 일이 너무 많았다.

퀸투스는 예루살렘으로 들어가는 성벽에 올라섰던 첫 번째 사람이었고 그렇게 함으로써 그는 디도로부터 '코로나 무랄리스'(*corona muralis*, 성벽을 가장 먼저 넘은 장교에게 주는 면류관-역주)뿐 아니라, 성전의 지성소가 정복될 때 그곳에 로마의 독수리 깃발을 세울 권리를 수여받았다.

여호수아는 퀸투스의 정반대였다. 그는 왜소하고 약했으며 나이도 많아서 어떤 방식으로든 위협이 되지 않았다. 하지만 여호수아는 명민하고 빈틈이 없었으며 지략이 있는 마음의 소유자였다. 그는 그 재난의 둘째 날부터 그리스어와 라틴어에 대한 지식을 활용하며 퀸투스를 관찰했다. 심지어 그는 퀸투스가 성전에서 취한 값나가는 물품들을 어떻게 가장 잘 포장할 수 있는지 제안하며 그 백부장의 환심을 샀다.

퀸투스가 알지 못한 것은 여호수아가 개혁자라는 것과 그가 토라에 대한 깊은 애정을 가진 인물이라는 점이었다. 그리고 여호수아는 지금 성전세로 지불하려고 사용된 돈인 두로 세겔을 많이 갖고 있었는데 감사하게도 그 동전은 어디에서든 통용되는 화폐였고, 특히 제국의 동쪽 절반에서는 어디서든 사용되었다.[1]

퀸투스가 장악하고 있던 성전의 이방인 뜰에 마련된 로마 진영으로 걸어 들어간 여호수아는 퀸투스의 몸종 루카스(Loukas)에게 다가갔다. 여호수아는 "그 위대한 분"(the great man)을 만나게 해 달라고 요청했다. 아침 삼시밖에 안 되었기에 퀸투스는 아직 술에 취해 있지 않았다. 그는 매우 자신만만해 보였고 만사를 통솔하는 것으로 보였다. 여호수아는 지금이 그에게 접근할 안성맞춤의 순간

---

[1] 두로 세겔(Tyrian shekels)에 대해서는 64쪽을 보라.

이라고 판단했다.

퀸투스의 임시 거처 안으로 안내받은 여호수아는 그 위대한 용사에게 절하며 말했다.

"백부장님! 저는 두루마리들이 항해를 견딜 수 있도록 포장하는 방법에 대한 저의 조언을 백부장님이 수용하셨다는 것을 압니다."

얌니아에서의 재조직
(Reorganizing at Jamina)

대부분 학자는 어떤 책들이 히브리 성경의 정경에 들어가야 하느냐의 이슈를 결정한 일종의 심의회(Council)가 야브네(Yavneh, 혹은 얌니아)에서 있었다는 주장을 지금 의심한다. 하지만 유명한 교사 요하난 벤 자카이(Johanan ben Zakkai)가 예루살렘 파괴가 임박한 시점에 예루살렘으로부터 야브네로 이주하여 그곳에 일종의 학교를 세웠다는 것에는 의심의 여지가 거의 없다.

또한, 예루살렘공의회 혹은 산헤드린이 그곳으로 이주했다는 것은 충분히 명백한데, 우리의 허구적인 등장인물 여호수아(Joshua)가 그 모임의 구성원이다. 어떤 경우든, 그러한 전개는 토라의 히브리 본문에 대한 의도적인 집중과 적절한 때에 있었던 70인역에 대한 거부, 뿐만 아니라 솔로몬의 지혜서와 일부 마카비 시대의 문헌들과 같은 몇몇 흥미로운 그리스어 책들(이 문서들은 심지어 거룩한 문서들로 간주할 것이 고려되기까지 한다)에 대한 집중들을 설명하게 될 것이다.

유명한 두 개의 티(T), 곧 성전(Temple)과 영토(Territory)를 잃어버린 초기 유대교는 이제 세 번째 T인 토라(Torah)에 관심을 기울였다. 그리고 초기 유대교의 히브리 성경의 보존과 그 책들의 상세한 연구는 미쉬나의 제작으로 이어졌는데, 아마도 미쉬나는 야브네에서 수집되기 시작되었을 것이다. 물론, 나중에는 탈무드도 있었다.

A.D. 70년 대학살에서 생존하여 활발히 성장한 유일한 유대인 그룹은 바리새파와 예수의 유대인 제자들이었다. 쿰란 공동체는 플라비우스 실바(Flavius Silva)에 의해 초토화된 것으로 보이며 예루살렘의 지주 계층인 사두

개파는 모든 특권을 빼앗겼다.

그 무렵 1세기 중반에는 세례 요한의 제자들도 여전히 존재했지만(행 19장을 보라), 우리는 그들의 존재에 대한 1세기 말의 어떤 기록도 가지고 있지 않은 것 같다. 잔존하던 열심당원들이 완전히 소멸된 것은 2세기 초 바르 코흐바(Bar Kokhba)의 반란의 진압 때였다.

이 일은 예루살렘이 이교도의 도시 아일리아카피톨리나(Aelia Capitolina)로 바뀌는 계기가 되었다. 그것이 우리가 단지 요단의 사해 동쪽 18마일(29km) 지점에 위치한 6세기에 건립된 세인트조지교회(St. George Church)의 마루에 놓인 유명한 마다바(Madaba) 지도의 모자이크 안에서 보게 되는 로마 도시의 모습이다.

사진 12.1. 요르단의 마다바에 있는 세인트조지교회의 마다바 지도의 모자이크

> ### 코로나 무랄리스 (*Corona Muralis*)
>
> 로마 군대에서는 많은 훈장이 수여되었지만 가장 명성 있는 훈장 중에 하나는 '코로나 무랄리스'로 최고의 용맹성을 보여준 자를 위한 상이었다. 그 상 자체는 황금 면류관이나 보다 작은 황금 고리였고 흉벽이나 성벽의 모양과 유사하게 만들어졌다. 그 훈장은 포위 공격한 도성의 벽에 올라가 공격 군대의 깃발을 그 벽에 처음으로 세운 첫 번째 병사에게 수여되었다(Aulus Gellius, *Noctes Attici*, 5.6.4; Livy, *Ab Urbe Condita*, 26.48을 보라). 바울은 신중한 해학을 통해 자랑을 조소하면서 자신이 다메섹을 떠날 때 광주리를 타고 성벽을 내려간 첫 번째 사람이 된 것을 자신의 "명예들" 중 하나라고 말한다(고후 11:32-33).

"그래, 그 점은 내가 고맙게 생각하고 있어."

퀸투스는 경계하며 여호수아를 바라보았다.

"오늘도 무언가 충고할 일들이 있는가?"

"아닙니다, 주인님!

백부장님이 기꺼이 듣고자 하신다면 저는 당신께 큰 이익을 남길 만한 제안을 하나 가지고 왔습니다. 그러나 이 내용은 오직 당신께만 은밀히 말씀드려야 합니다."

퀸투스는 술 시중을 드는 포스투무스(Postumus)에게 손짓하여 텐트를 떠나도록 했다.

'이 자그마한 체구의 유대인이 그에게 무슨 해를 끼칠 수 있겠는가?' 생각하며, 포스투무스는 주저하지 않고 그곳을 떠났다.

"저는 당신의 수집품 중 큰 두루마리 하나가 있는 것을 압니다. 그 물건은 당신이 곧 시작할 여행이 짧은 기간 동안에라도 훼손되지 않기에는 너무 큽니다. 그 두루마리를 제게 주신다면 상당한 금액을 드릴 생각으로 여기에 왔습니다."

퀸투스는 미소를 지었다.

"그래 얼마를 생각하고 있는데?"

"50두로 세겔은 어떠십니까?"

퀸투스는 잠깐 생각한 후 뺨을 긁고 고개를 한쪽으로 기울이면서 말했다.

"나는 자네가 분명 그것보다 더 낼 수 있을 거라 생각하는데! 그 금액은 백부장의 일 년치 급료에 불과해. 나는 언젠가 부유하게 은퇴했으면 해. 내가 거절하지 않도록 더 나은 제안을 해 봐."

여호수아는 이 상황을 예상했다. 그는 사실상 이곳에 150세겔을 갖고 왔다. 그러나 그는 이 위험한 비즈니스에 그 돈을 모두 쓰게 되길 원치 않았다. 여호수아가 고개를 조아리며 말했다.

주인님! 아시다시피 저는 단지 제사장에 불과합니다. 그리고 당신은 성전 보물 창고에서 전리품을 취하셨습니다. 제가 지금까지 당신께 꽤 도움을 드리지 않았습니까? 75두로 세겔까지는 올려드리지요. 솔직히 말해 이 금액이 히브리어 두루마리 하나를 위해서 과분한 제안이라고 봅니다만. 그 두루마리는 당신에게 별 효용이 없을뿐더러 로마에서 그것을 되팔아 봐야 큰 돈이 되지 않을 겁니다.

퀸투스는 바로 앉아 자신의 겉옷 매무시를 가다듬고 말했다.

"그럼 100세겔로 하지. 이걸로 우리 거래를 마무리하지. 자네는 당장 두루마리를 갖고 떠나게. 우리가 이 성에서 무엇을 취했는지 조사하러 나올 회계 관리가 도착하기 전에 이것을 끝내고 싶구만."

여호수아는 가능한 불쌍하게 보이며 한숨을 쉰 후 대답했다.

"알겠습니다. 앞으로 가족들을 몇 개월 먹여 살릴 다른 일을 찾아봐야 할 것 같습니다.

그래도 제가 그 두루마리를 구입할 다른 기회는 없겠지요?

당신이 이기셨습니다!"

여호수아는 퀸투스가 그 장사에서 더 나은 이문을 남겼다는 생각이 들도록 하는 것이 중요함을 알았다.

여호수아는 외투 속에 숨긴 한쪽 가방에 100두로 세겔을, 다른 가방에는 50세겔을 담아 두었었다. 그래서 퀸투스에게 얼마나 가져왔는지 보여줄 필요는 없었다.

퀸투스는 일어나 은화가 담긴 가방을 취했다. 그리고 그의 의자 뒤에 쌓아 놓은 물품 더미를 모두 뒤져 토라 두루마리가 담긴 커다란 가죽 용기를 찾아냈다. 그는 작별 인사를 날리며 여호수아에게 그것을 넘겼다.

"너희 민족은 흥정할 때 그것보다 더 심하게 몰아붙이곤 했지. 하지만 내 생각에 자네는 언제 져야 하는지를 아는 것 같아."

여호수아는 희미하게 미소 지으며 말했다.

"잘 보셨습니다."

서두르려는 충동에 저항하면서 여호수아는 천천히 걸어 내려와 이방인의 뜰 밖으로 나와 다메섹 문(Damascus Gate)을 나왔다. 그곳에는 열다섯 살의 소년인 그의 아들 야곱(Jacob)이 그를 기다리고 있었다.

"아버지, 이제 어디로 가요?

우리 어디로 갈 거예요?"

"야브네가 있는 북쪽으로 올라가자꾸나. 우리는 다시 조직하고 새로 시작해야 한단다. 그리고 우리는 그곳에서 다른 제사장들과 랍비들을 만나게 될 거야. 아직 우리가 토라를 가지고 있고 하나님이 여전히 우리 하나님이신 이상 우리가 아직 진 것은 아니란다."

13

레위의 목표

레위는 예루살렘 함락 후 5일째 되는 날 새벽녘 날이 밝아 오는 첫 시간에 일어났다. 그는 슬픔을 안고 세 여인과 이별을 고했다. 레위는 앞으로 다시는 그들을 못 볼 것을 알고 있었다. 그들과 나눴던 교제와 그들이 가진 생생한 믿음은 그에게 큰 격려가 되었다. 예수님이 사역하실 때 발생한 사건들에 대한 그들의 증언과 시각에 대한 그의 예리한 관심은 언급할 필요도 없다.

그는 지난 수일 동안 그들의 기억을 세심히 탐구하여 기록을 남기면서 그들의 증언을 마음속에 담아 두었다. 레위는 꿈 속에서 들은 벳새다에 있는 어부의 집에 대한 언급으로 인해 당혹스러웠다. 벳새다에 있는 베드로의 집은 오래도록 버려져 있었다.

'아마도 빌립 가족을 말하는 것이 아닐까?'[1]

어쨌든 레위는 가버나움에 도착했을 때 탐문하는 일을 하게 될 것이다. 그리고 그는 그 지역 안에서 지난 수십 년 동안 알려진 아람어로 된 예수님의 말씀 모음을 철저히 조사해야 한다. 레위는 또한 나사렛에서 가서 그곳에서 아직 발견될 수 있는 예수님의 가족

---

1 요 1:44을 보라.

들 안에서 전해지는 그 어떤 전승들이라도 남아 있는지를 살피고자 하는 마음이 간절했다.

많은 유대인과 마찬가지로 레위는 한 가지 이상의 이름을 갖고 있었다. 여러 해 전, 가버나움에서 세리였을 때는 레위라는 이름을 사용했었다. 그리고 예루살렘에서 성전 제사장적 서기관으로 섬겼을 때도 그 이름을 사용했다.

그러나 레위는 그의 본명이 아니었다. 그 이름은 제사장적 지파였던 레위 가문(levite)의 일원으로 그 지파 이름을 축약한 것이었다. 이제 가버나움으로 돌아가면 그는 과거 자신이 누구였는지 알고 자신 때문에 받은 상처를 아직까지 간직하고 있는 어떤 이도 없기를 원했다. 그래서 그는 가버나움에서 자신의 본명 마태오스(Matteos)만을 사용하기로 했다.

그에게는 다행스럽게도 40년의 인생의 시간이 흘러 가버나움에서 세리로 그를 알고 멸시했던 이들조차도 그가 누구였는지 즉시 알아볼 수 없을 정도로 머리카락이 빠졌고 얼굴에는 수염이 풍성하게 자라났다.

그는 예수님의 유대인 제자들이 그를 받아 주기를 소망하고 확신하고 있었다. 특히 그가 베드로가 전하고 마가가 기록한 복음과 바울이 로마에 보낸 편지도 가지고 왔기 때문이었다. 분명코, 바울의 편지는 그들이 이전에 들어본 적이 없었을 것이다.

레위는 지쳤고 어떤 일이 벌어질지 근심도 되었다. 그 무엇보다 그는 외로웠다. 그는 성전을 잃어버렸고 그의 친구들과 동료 제사장들은 지난 몇 주와 몇 달 사이에 모두 흩어져 버렸다.

레위는 결혼한 적이 없었다. 그는 예수께서 가족들이 자신을 이해하지 못할 때 어떻게 느끼셨을지를 궁금해했다. 예수님도 결혼을 안 하셨기 때문이다.

'확실히 우리는 죽을 때 혼자일 거야. 그런데 나도 일생 줄곧 혼자였어.'

레위는 스스로에 대해 측은하게 생각했다.

'만일 약해지고 병이 든다면 누가 나를 돌봐주지?'

그는 가버나움에 정착해서 몇몇 친구를 사귈 필요가 있었다. 무엇보다도 그는 예수님의 삶과 사역에 대한 그의 기사를 기록하기 위해 바빠져야 했다. 이것이 그의 유산(legacy)이 될 것이다.

레위의 생각에는 마가의 기사는 너무 짧고, 예수님의 가계나 탄생에 대해서는 아무것도 말하지 않으며, 예수님의 유명한 가르침들은 너무 적게 담겨 있을 뿐이었다.

이상하게도 레위가 볼 때 마가의 자료는 주로 베드로 자신의 예수께 대한 가르침을 주로 바탕으로 삼고 있음에도 마가의 기사는 베드로 자신에 대해서도 충분히 말하지 않았다. 마태오스가 확신하기는 예수님의 제자들의 운동은 물려받은 전통을 기록할 필요가 있었고, 적합한 언어는 제국의 국제 통용어인 그리스어였다.

세상은 주님에 대해 알 필요가 있었다. 마태오스는 최종적인 기사를 제공해야 한다는 망상에 절대 빠지지 않았다. 완전한 기사를 써야 한다는 생각은 더더구나 없었다. 하지만 그는 충실한 기사, 즉 마가가 제공한 것보다는 좀 더 풍부한 기사를 제공하기로 마음먹었다.

긴네렛으로 불리는 바다의 남쪽 끝에 다다른 후 그는 한 번 더 요단강을 건너게 되었다. 이번에는 서쪽 방향이었다. 정오 무렵이었는데 여기는 이상하리만치 고요했다. 소중한 두루마리들이 담긴 작은 가죽 가방을 머리에 인 채 마태오스는 강의 다른 쪽에 도착하여 천천히 둔치로 기어 올라갔다.

그런 시도는 그가 얼마만큼 뼛속까지 지쳐 있는지를 알게 해주었다. 그는 길을 나선 후부터 처음에는 여리고로 달아났고 왕의 대로를 타고 올라간 후 이제 다시 갈릴리로 돌아오는 여정을 거쳤다. 그리고 그의 예루살렘에서의 마지막 날들 역시 스트레스가 많은 시간이었다. 요단강 줄기인 이 개울은 모든 것이 정말 고요했다.

"거기 멈춰서!"

날카로운 명령이 그리스어로 들려왔다.

마태오스는 속으로 신음을 삼켰다. 그는 한 무리의 로마 지원부대가 강의 경계를 이루는 작은 숲에서 기다리고 있으리라고는 꿈에도 생각지 못했다. 커다란 검은 말을 타고 있는 지휘관도 함께 있었다. 의심할 바 없이 그는 도망친 산적들, 강도들, 그리고 열심당원들을 찾고 있었을 것이다.

"너는 누구냐?"

"정체를 밝혀라!"

마태오스는 자신의 작은 가방을 이리저리 뒤적인 뒤 헤롯 안디바가 그에게 준 인장을 내밀었다.

저는 여기 갈릴리 가버나움에서 헤롯을 위해 세리로 일해 왔습니다. 여기 제 자격을 말하는 인장이 있습니다. 최근 몇 년 동안은 저는 예루살렘에서 서기관으로 일했습죠. 그곳에서 황제와 성전을 위해 세금 거둬들이는 일을 도왔습니다.

최근에 예루살렘에서 사건들이 발생한 다음 그곳에는 더 이상 제가 할 일이 없었습니다. 그래서 집으로 돌아오게 된 것이지요. 저는 완전히 지쳐 있고 이제 팍스 로마나(*Pax Romana*)가 이 지역에 안착하고 있기에 평화롭게 정착하고 싶습니다.

마태오스는 그 짧은 시간 안에 용기를 내어 행한 작은 연설에 대해 꽤 자랑스러워했다. 그리고 그 지휘관이 인장을 보자고 명했을 때 그는 인장을 기꺼이 건네주었다.

"네 가방 속에 무엇이 있는지 열어봐."

지휘관이 요구했다.

잠시 잠깐의 머뭇거림도 무언가 숨기려 한다는 행동으로 간주될 수 있음을 알고 마태오스는 자신의 작은 가방을 열고 말했다.

"보십시오. 단지 내 직업에 필요한 도구들과 몇몇 오래된 두루마리들, 그리고 철필과 잉크입니다. 솔직히 말하면 안타깝게도 돈은 없습니다. 당신이 가난한 늙은 서기관과 세리가 아닌 산적을 찾고 계신다면 당신이 찾고 계신 사람은 저는 아닐 것입니다."

이 말이 지휘관을 배꼽 쥐고 웃게 했다.

"내가 봐도 우리가 숲속에 잠복한 것은 당신 따위를 사로잡으려 한 것은 확실히 아니겠지!"

그는 덧붙여 말했다.

"네가 디베랴에 나타날 때쯤이면 그 지역 로마 관리에게 수속을 밟아야 할 걸세. 갈릴리는 이제 더 이상 유대인 통치자를 필요로 하지 않거든. 그 지역은 점점 로마의 주가 되어 가고 있기 때문이지."

"그렇게 합지요."

전혀 거슬림이 없다는 듯이 지휘관 앞에서 자신의 입지를 더 굳건히 할 기회가 왔음을 알고 마태오는 계속 말을 했다.

"사실 저는 이 소식을 듣고 안도했습니다. 당신이 제게 의견을 물으신다면 헤롯 일가는 부패한 무리로 그들은 전혀 로마나 황제께 충실한 이들이 아니었습니다. 그래서 저는 이 소식을 환영하는 바입니다.

우리 평범한 유대인들이 간섭받지 않고 갈릴리에서 우리의 종교를 유지하는 일이 허락되는 한 더 이상 아무런 문제가 발생하지 않으리라고 봅니다.

틀림없이 지금쯤 당신은 문제를 일으키는 자들의 대다수를 체포하셨고 조만간 그렇게 되시겠지요."

"매우 지혜로운 말이었어."

지휘관이 말했다.

"노친네. 그 말이 당신을 살아 있게 해줄 걸세.

잘 가게(*Vale*)!"

그는 인장을 마태오스에게 되돌려 주었다. 마태오스는 비틀거리며 디베랴와 그다음에는 가버나움으로 이어지는 길을 따라 북쪽으로 향했다. 5분쯤 지나자 그제서야 충격이 느껴졌고 그의 다리가 후들거렸다. 그는 앉아서 소매로 자신의 이마를 닦았다.

"큰일 날뻔했어!

감사합니다.

주님!

저를 구원해 주셨군요. 그리고 레위는 더 이상 없다는 것을 늘 기억하겠습니다. 이제는 그리고 앞으로도 오직 마태오스만 존재케 하겠습니다."

14

불확실한 길들

마르다는 꼬박 한 날을 쉬지 않고 걸으며 말한 탓에 녹초가 되고 배가 고파왔다. 요단강이 지평선 너머로 잠긴 지도 오래되었다. 그리고 펠라가 점점 더 가까워졌다.

그러나 세 여인이 도착했을 때 그들은 어디에 머물러야 할까?

그녀들은 아무 계획도 없었다. 수다쟁이였던 마르다는 걸으면서 그네들의 염려를 입으로 계속 뱉어 냈다. 마침내 요안나와 미리암은 인내에 부딪혔다.

"언니! 우리 주제를 바꾸면 안 될까?"

"아마도 우리가 차라리 펠라에 여관을 열지 뭐.

그리고 그 여관을 '세 자매'라고 부르면 어떻겠어요?"

미리암이 농담을 했다.

"그것도 좋지."

마르다가 빈정거리며 말했다.

"나는 지금 선하게 볼 수 있어. 그리스인들과 로마인들이 레위기에 따라 준비된 유대 음식을 받기 위해 줄지어 서 있군.

우리도 정면에 푯말을 세울 수 있겠지?"

사진 14.1. 돌문이 있는 1세기 무덤

의식상 부정한 사람을 위한 목욕도 가능해. 그것이 충분히 고객들을 모을 수 있을 거야!"

"이제 정말 주제를 바꿉시다."

요안나가 말했다.

"내가 처음으로 부활하신 예수님을 보았을 때를 말해 주지요. 지금은 그것이 숙고할 만한 주제입니다."

"오! 맞아요."

미리암이 열정적으로 말했다.

"그 일에 대해 너무나 듣고 싶군요. 우리는 충격과 애도 속에 베다니에 있었습니다. 그 일에 대해서는 단지 훨씬 나중에 듣게 되었을 뿐이고요."

"우리가 믹달의 미리암과 살로메와 함께 예수님의 몸에 기름을 바르고 시신을 덮은 세마포를 교체하기 위해 그분의 무덤에 갔을 때는 매우 어두웠고 쌀쌀했습니다. 우리도 충격이 너무 크고 생각도 마비되어 누구도 진정 어떻게 그 무덤의 입구에 있는 돌문을 어떻게든 옮길 수 있을까도 생각해 보지 못했었습니다. 그리고 거기에는 군인들도 있었지요. 그러나 어떻게든 시도해 보기로 했었답니다."

우리가 무덤이 있던 동산의 코너를 막 돌았을 때, 그 돌문이 이미 굴려져 있는 것을 알게 되었죠. 즉시 나는 그것이 무덤 도굴꾼이 한 것임이 틀림없다고 생각했어요.

그러나 미리암은 예수님의 시신이 정원지기에 의해 옮겨졌다고 생각했어요. 그가 왜 그런 일을 했을지는 내 이해를 뛰어넘는 것이었지만 말이에요.

우리는 무덤에 다가가 안을 들여다보았습니다. 그리고 거기 안쪽에 광채가 나는 것 같은 두 명의 젊은이 같은 존재가 거기 있었고 그들은 예수님의 시신이 누였던 석판 양쪽 끝에 앉아 있었답니다.

그들이 말했어요.

"왜 너희는 살아 있는 분을 죽은 자들 가운데서 찾느냐?

그분은 여기 계시지 않는다. 그분은 부활하셨다!

가서 제자들에게 전하라."

무덤 도굴꾼에 대한 고찰

클라우디우스 혹은 네로 시대에서 나온 유명한 비문이 19세기 후반 나사렛에서 발견되었다. 그 비문은 최종적으로 프랑스의 한 박물관에 소장되었고 여기에 그 비문 자체의 내용이 있다. 번역에 관해서는 다음의 내용은 문자적으로 읽은 것이다.

황제(Caesar)의 칙령
이것은 무덤에 관한 내 결정이다. 부모와 자녀들, 혹은 집안의 구성원에 대한 종교 의식에 따라 그 무덤을 만든 이가 누구이든 그 무덤들은 영원히 훼손되지 말아야 한다.
그러나 어떤 사람이 묻힌 사람들의 무덤을 파괴했고 어떤 방식으로 묻힌 사람들을 빼냈거나 악한 의도를 가지고 묻힌 사람들을 다른 장소들로 옮겨 그들에 대해 죄를 저질렀거나, 혹은 어떤 방식으로 묻힌 사람을 꺼내었거나, 무덤을 봉한 돌을 옮겼다고 법적으로 고발한다면, 나는 그러한 사람에 대해 사법재판소를 개소할 것을 명하노니, 인간의 종교 관례 안에서 신들에 대하여 행해지는 것과 마찬가지며, 무덤에 매장된 사람들을 명예롭게 대우하는 것은 더욱더 중하게 이행되어야 할 의무다.
너희는 절대적으로 누구든 무덤에 매장된 사람들을 옮기지 못하게 해야 할지니라. 그러나 어떤 사람이 그러한 일을 행했다면, 나는 그 위반자는 무덤 파괴자라는 죄목으로 사형에 처하길 바란다.
이 비문 자체는 시신들을 옮기고 무덤을 파괴하는 문제들이 작은 마을인 나사렛이 유일한 것이 아니라 다른 곳에서도 발생하고 있었음을 전제한다. 물론, 이집트 왕들의 계곡에서는 엄청난 규모로 무덤이 도굴되는 유명한 이야기들과 증거들이 있다. 투탄카멘 왕의 무덤에 대한 현대적 발견이 그토록 극적이게 하는 것은 그 골짜기에 있던 대다수의 다른 무덤들이 꽤 오래전에 약탈당했고 그 물건들이 팔려 나갔기 때문이다.
로마인들의 관점에서 보면, 무덤의 도굴은 신들에 대한 종교적 범죄였다. 그러나 이 비문은 무덤의 도굴이 사실상 사형에 해당한다고 말하는 유일하게 알려진 증거이다. 어떤 이들은 이 비문이 실제로 예수 시신을 훔쳐갔다고 고소당한 그리스도인들에 대한 경고라고 주장해 왔다.
그러나 그러한 주장에는 여러 문제가 존재한다.

(1) 그 비문은 티베리우스 황제의 시기로까지는 추정되지 않는다.
(2) 그리스도인들은 그 비문에서 특정되지 않았고, 그리스도인들은 1세기 동안에는 무덤 도굴로 유명하지도 않았다(탈피옷무덤[Talpiot tomb]을 예수의 시신이 아리마대 요셉의 무덤에서 훔쳐진 후에 재매장된 장소로 보는 이들의 주장에도 불구하고).

사진 14.2. 무덤 도굴을 금지하는 클라우디우스 황제의 포고령을 담은 나사렛에서 발견된 비문.

그러나 예수의 무덤에 관하여 마태복음 27:65-66에서 발견되는 이스라엘의 무덤 봉인에 대한 언급을 주목하라.

요안나가 심호흡을 했다.

돌연한 공포가 우리의 슬픔을 대신했답니다. 우리는 우리가 구입했던 세마포와 기름들을 그대로 두고 달아났어요. 그리고 열한 명의 제자들에게 전하기 위해 달려갔습니다. 그들은 다락방에 숨어 있었지요.

후에 충격이었던 것은 두 증인의 증언을 사실로 확증하기라도 하는 것처럼 이 하늘의 메신저 둘이 거기에 있었다는 사실이지요.

다락방에 도착하여 바른 방식으로 문을 두드린 후 안으로 들어갔습니다. 그 남성들은 우리 이야기를 들을 준비가 안 되었기에 즉시 그 이야기를 여인들의 환상으로 결론 내렸지요. 심지어 우리를 잘 아는 이들조차 우리 증언을 신뢰하지 않았습니다. 그러나 형제 베드로와 사랑하는 제자가 우리가 정확히 말한 바를 가서 확인했습니다. 그들은 천사들을 보지 못했기에 우리보다 더 혼란스럽게 무덤을 떠났습니다.

우리가 다시 그 무덤으로 되돌아갔을 때 미리암은 털썩 주저앉아 울기 시작했습니다. 낙심이 너무도 컸기 때문이죠. 바로 그때, 무덤 저만치에 두건을 쓴 한 사람이 나타났습니다. 갑자기 그 사람은 주님이 미리암과 함께 있을 사용하셨던 바로 그 목소리 톤으로 "미리암!" 하고 말했습니다.

그녀는 예수의 발 앞에 엎드려 절했습니다. 우리는 그녀를 따라했고 주님이 다시 살아 계심을 보고 거의 실신할 정도였습니다. 주님은 유령이 아니라 육신을 입고 그것도 매우 건강한 모습으로 부활하신 것입니다.

예수께서는 우리에게 우리가 부활하신 주님을 보았다고 제자들에게 가서 말하라고 말씀하셨습니다. 우리는 그들에게 예수께서 조만간 아버지께로 돌아가셔야 함을 말해야 했지요. 그들이 우리 이야기를 믿든 믿지 않든, 우리는 예수께서 말씀하신 바를 행하기로 했습니다.

말로는 우리 기쁨을 묘사할 수 없습니다.

그분이 무덤에서 돌아오셨습니다!

그 이야기하는 동안 요안나는 자신 안에 소망이 샘솟는 것을 느꼈다.

물론 예수께서 그분의 제자들에게 수없이 나타나 보이셨습니다. 때때로 그분은 예루살렘에서, 유대에서, 나중에 심지어 갈릴리에서조차도, 예수의 형제 야고보, 혹은 베드로, 혹은 다소의 바울과 같은 개인들에게 나타나셨고, 때때로 우리 같은 전체 그룹에도 나타나셨습니다.

내가 남편 안드로니고를 만났을 때가 예수님이 예루살렘에 나타나신 여러 사례 중 한 번의 상황이었지요. 여러분도 알다시피 나의 첫 번째 남편 구사(Chuza)는 헤롯의 부동산 관리인으로 그가 나에게 관심을 기울이는 것보다 자기 일과 특권에 더 관심을 가진 사람이었어요.

내가 본격적으로 주님의 여행 동행자요 지지자로 함께하면서 그에게 수치심을 안겨 주었을 때 그는 내게 이혼 청구서를 내밀었어요. 헤롯 안디바는 그의 신하 중 누구도 그러한 일에 연루되지 않기를 원했기 때문에 구사는 선택해야 했어요. 나는 그를 비난하지 않습니다. 그리고 사실상 그는 나를 자유롭게 놓아준 것이에요.

나는 내 몫의 결혼지참금을 받을 수 있었습니다. 그것은 내가 간음 혹은 그러한 종류의 어떤 행동으로 고소된 경우가 아니었기 때문이죠. 이것이 내가 심지어 예수를 예루살렘까지 동행하면서 그분을 전적으로 따르는 제자가 되게 해 주었어요.

마침내 안드로니고와 나는 둘 다 적합한 선교사 혹은 사도로 위임되었고 바울을 돕게 되었지요. 부활하신 주님을 목격한 모든 사람이 다 그러한 선교사나 사도들이 된 것은 아닙니다. 그러나 우리는 그랬지요.

나는 우리 구세주를 섬기는 일에 지난 40년의 세월을 사용한 것에 전혀 후회가 없습니다. 그리고 이제 나이가 든 지금도 그 어떤 두려움도 없이 소망 속에 무슨 일이 기다리고 있을지를 기대하고 있습니다.

마르다는 비록 요안나의 마지막 말이 그녀에게 서서히 어떤 의미가 있는지를 이해하면서도 계속 침묵했다.

물론 요안나는 옳았다. 그러나 옳은 것이 세 여인이 어떻게 이 로마식의 도시에서 생존할 것인가는 말할 것도 없고 어떻게 새로운 삶을 시작할 것인지를 정해 주지 않았다. 그러나 그녀들은 펠라에는 자신들을 도와줄 다른 그리스도인이 있다는 것을 알았다.

15

어부의 집

예루살렘 함락 후 5일째 되는 날 늦은 시각에 마태오스는 가버나움에 있는 회당 근처의 한 어부의 작은 집에 자리잡았다. 마태오스는 자신이 집을 어찌어찌 구할 수 있기 전까지는 그 어부가 집을 자신에게 임대할 것이라고 확신하는 데 아무 어려움이 없었다.

그 어부는 돈이 절실하게 필요했다. 전쟁은 호숫가 지역의 경제를 악화시켰고 갈릴리 지역의 형편은 더 어려웠다. 그리고 사업 자체가 고통을 받았다.

마태오스는 다음날 옛 벳새다에 이르는 언덕으로 올라가 자신의 꿈속에서 본 그 집을 찾아보기로 했다. 그는 지쳤지만 예수님의 일생에 대한 내러티브를 기술하는 일을 빨리 착수하려는 열망이 있었다. 종국에 그에게 좀 더 자료를 찾아 나사렛 또한 방문할 필요가 생길 것이다.

성전 파괴 6일째 새벽, 마태오스는 일찍 기상했고 호수의 동쪽 가장자리 위로 태양이 떠오르는 것을 보고 있었다. 어부들이 벌써 물 위에 자신들의 그물을 던지고 있는 모습이 보였다.

약간의 포도주와 무화과를 곁들인 작은 빵을 먹은 후 벳새다 중심부로 향하는 4마일(6.4km)의 여정을 시작했다. 그는 그 어부의 커다란 집을 찾을 요량이었다.

마태오스의 벳새다에 대한 기억들은 수십 년이 지나면서 흐릿해졌다. 그가 작은 마을에 도달하기 위해 언덕을 꽤 오래 올라갔던 것이 생각나면서 긴 거리의 지루한 느낌은 기억에서 약해졌다.

물론 그 마을이 접경 지역으로 통행세를 받는 이들이 갈릴리로 넘어 들어오는 상인들과 여행객들로부터 통관세를 거두었던 곳이었음도 잊지 않았다. 그리고 그 마을에 여러 세기 동안의 옛 흔적이 많았던 것을 기억해 냈다.

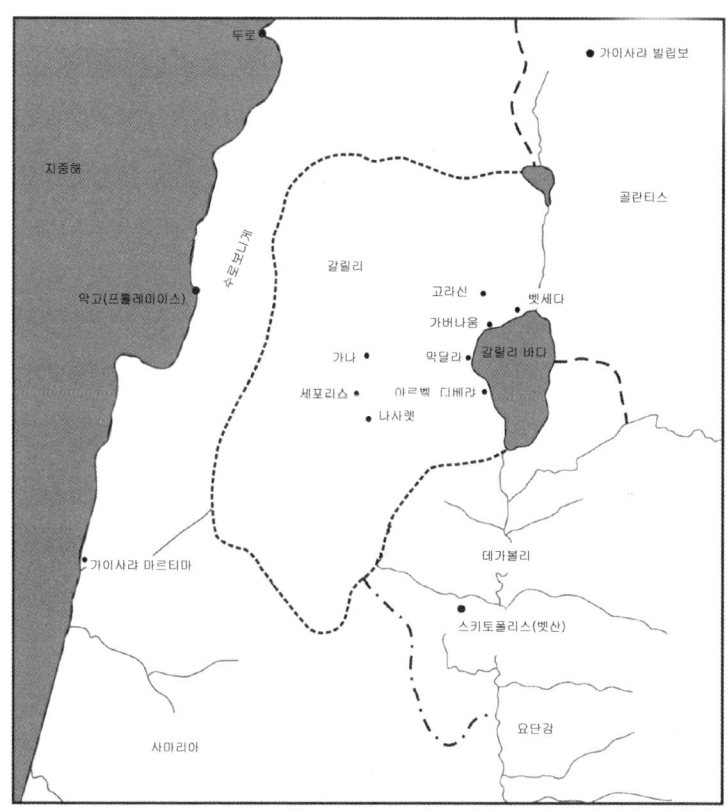

지도 15.1. 신약성경 시대의 갈릴리 지도

그러나 여전히 그리스도의 제자들이 이곳에 있는지는 알지 못했다. 그리고 그들을 일일이 수소문하는 것에 대해 염려했다. 수년 전에 이 작은 어촌 마을들에는 예수의 제자들에 대해 긴장이 고조되었었다. 그리고 로마인들이 있을지도 궁금했다. 로마인과의 만남은 그가 다시 맛보고 싶지 않은 경험이었다.

바람 한점 없는 아침이었다. 언덕을 오를 때 태양은 무자비하게 그를 내리쬤다. 구슬땀이 이마로부터 흘러내렸고 그는 한동안 쉴 곳을 찾고자 하는 마음이 들었다. 그러나 그는 자신에게 주어진 꿈과 꿈 속의 집이 중요하다는 확신이 있었다. 그 집 이미지는 충분히 명확했기에 그는 그 집을 찾아내기로 했다.

사진 15.2. 그물을 수선하는 어부들

가버나움에 가장 가까운 마을 쪽부터 훑었지만 어떤 집도 맞아떨어지는 것으로 보이지 않았기에 그는 낙심하기 시작했다. 그는 이리저리 헤매었다. 마을 사람들, 즉 여인들은 머리 위에 물 항아리들을 이고 우물가에서 돌아오고 있었고 남성들은 밤 고기잡이에서 돌아오고 있었다.

그는 신선한 생선 냄새를 맡을 수 있었다. 계속 꿈속의 집을 찾고 있을 때, 두 명의 어부가 조금 무거운 그물을 지고 그를 지나쳤다. 작은 마을에 들어서자 사람들은 마태오스를 바라보며 자신들의 삶의 환경이 투영된 마음속의 지도 위에 그가 어떤 위치에 있을까, 곧 그가 누구일까를 궁금해했다.

마침내 그 작은 마을의 거의 끝자락에 다다랐을 때 커다란 뜰과 그 집의 뒤쪽에 분리된 부엌을 가진 한 집이 눈에 들어왔다. 시골 마을의 기준으로는 대저택 같은 집이 뜰의 오른쪽에 있었다. 그는 자기 쪽을 달려오는 소년에게 손짓하며 물었다.

"저 집은 무슨 집이지?"

"어부의 집이지요."

소년이 뜰에서 건조되고 있는 그물을 가리키며 대답하고는 쏜살같이 사라졌다.

'마침내 도착한 것 같군.'

마태오스는 혼잣말을 했다. 한껏 용기를 내어 걸어 들어가서 문을 힘차게 두드렸다. 순간 머리에 두건을 쓴 젊은 여인이 문을 열었다.

"샬롬!"

마태오스가 말했다

"이 집이 어느 분의 집인지 물어봐도 될까요? 그리고 주인께서 댁에 계십니까?"

그 소녀의 얼굴이 굳어지면서 말했다.

"무언가 팔러 왔다면 우리는 아무것도 사지 않을 겁니다. 그리고 당신이 세리라면 우리는 이미 세금을 다 냈다고요."

"아닙니다."

마태오스는 그 소녀가 어떻게 절반은 맞는 질문을 했을까 궁금해하며 허허 웃었다.

"나는 잡상인이 아니에요. 나는 옛 친구를 찾고 있답니다."

그 소녀는 약간 부드러워졌다.

"여기는 빌립 어르신의 댁입니다. 그분의 아들들과 아내들이 지금 여기에 살고 있지요."

이렇게 말하면서 이전보다 문을 조금 더 열었다.

"빌립! 이거 엄청나군.

이 댁 사람 중 한 분과 말씀을 나눌 수 있을까요?"

그녀가 문 쪽에서 등을 돌리면서 불렀다.

"야곱! 여기 어떤 분이 당신에게 말을 건네고 싶어합니다."

"들어오시라고 하세요."

집 안쪽 깊은 곳에서 둔탁한 목소리가 말했다.

마태오스가 커다란 거실로 들어섰다. 그곳에는 일반적인 가정의 모습이 펼쳐지고 있었다. 왼쪽에는 어떤 이가 요리하고 있었고 오른쪽에는 나이 든 여인과 두 명의 젊은 여인이 바느질 중이었다.

그러나 무엇보다 주목할 만한 것은 방 건너편에 학식이 있어 보이는 남성이었는데 두루마리가 놓인 작은 책상 앞에 다리를 포개고 앉아 있었다.

"누구이신지요?"

그 남자가 물었다

"내 이름은 마태오스입니다. 나는 한때 이 마을에 살았던 빌립의 친구였습니다.

이 집이 그의 집입니까?"

모퉁이에 나이 든 여인이 바느질하다 멈추고 고개를 들어 쳐다보았다. 그녀는 갑자기 일어서서 가까이 오더니 그의 얼굴을 살폈다.

"당신이 그 마태오스, 즉 열두 제자 중 한 분인 마태오스 씨라는 겁니까?"

"바로 저입니다."

마태오스가 환하게 웃었다.

"내가 그 사람입니다."

즉시 그녀가 손뼉을 쳤고 하인이 다가와 그의 발을 씻기고 기름을 부었고, 심지어 그의 머리에도 기름을 부었다. 마태오스는 이 환영 인사를 거절치 않을 요량이었다. 책상에 앉아 있던 젊은 남성이 일어서 오더니 마태오스의 기름 도유가 끝나자 그를 포옹했다.

그가 말했다.

"샬롬 알레켐"(Shalom alechem). 자네 집과 가족 모두에게도 평안이 임하길!"

마태오스가 대답했다.

"정말 내 아버지를 아십니까?"

"정말 그렇다네. 그러나 그것은 오래전이었지. 40년도 더 되었을 걸. 한 세대가 훌쩍 흘러갔군.

베드로와 안드레의 집안은 어떻게 되었는가?"

"안드레는 세상을 떠났습니다. 그리고 아시다시피 시므온은 로마에서 순교했고 하나님께서 그의 영혼으로 편히 쉬게 하셨습니다. 시므온의 남은 가족은 베드로의 집으로 알려진 가버나움의 한 집에서 살고 있습니다. 우리는 예배 때 그곳에서 만납니다. 저는 야곱으로 빌립의 맏아들입니다."

마태오스는 잠깐 이 모든 사건에 대하여 좀 더 호기심을 갖고 상세히 물어볼까 고심하다가 젊은이에게 이렇게 물었다.

"야곱, 나는 자네 이야기를 좀 더 듣고 싶네. 그러나 지금 당장은 주님에 관한 전승들과 말씀들에 대해 그 어떤 것이든 기록으로 남겨진 수집물이 있는지를 찾아봐야 할 것 같네.

내가 그 자료들을 어디에서 찾을 수 있을지 알고 있나?"

"그렇고 말고요."

야곱이 미소 지으며 말했다.

"하나님께서 당신을 바른 곳으로 인도하셨군요. 우리는 우선 떡을 함께 떼어야 하겠습니다.

여기 매트 위에 앉아 당신이 저를 어떻게 찾게 되었는지를 말씀해 주시겠습니까?

당신은 다른 몇몇 제자들과 예루살렘에 있지 않았나요?"

마태오스는 그를 알아본 나이든 여인에게서 물 한 사발을 받아 마셨다. 마태오스는 그 여인에게 말했다.

"어떻게 내가 여기 오게 되었느냐는 매우 긴 이야기입니다. 하지만 맞습니다. 나는 예루살렘에 있었지요. 그러나 성전을 포함하여 예루살렘은 더 이상 존재하지 않습니다."

야곱의 얼굴이 떨구어졌고 떡을 내려놓았다.

"우리도 그 일에 대해 들었습니다. 하지만 그 일을 직접 확증해 준 사람은 당신이 처음입니다.

성전이 파괴될 때 당신도 거기 있었습니까?"

"그렇네."

마태오스는 말하면서 목이 메었다.

"맞아, 거기 있었네, 예레미야 선지자가 말했었지."

베드로라는 이름에는 무엇이 들어있을까?

그리스어로는 "페트로스"(Petros), 아람어로 "게바"(Cephas; 어떤 언어를 취하든 '바위'를 의미한다)는 예수께서 시므온이라는 이름을 가진 한 남성에게 붙여 주신 별명이었다. 시므온은 시몬이라는 그리스식 이름의 히브리어 형태이다. 시몬 베드로가 사도행전 15:13에서 주의 형제에 의해 시므온이라는 히브리식 이름으로 불린 것은 흥미롭다. 이 형태의 이름은 또한 베드로후서 1:1에서도 사용된다. 참으로 마태오스가 아람어를 말했다면 그도 그 남자의 이름의 아람어 혹은 히브리어 형태의 이름을 사용했을 것이다.

황폐하여 사람도 없고 짐승도 없다 하던 여기 곧 황폐하여 사람도 없고 주민도 없고 짐승도 없던 유다 성읍들과 예루살렘 거리에서 즐거워하는 소리 기뻐하는 소리 신랑의 소리 신부의 소리와 및 만군의 여호와께 감사하라 여호와는 선하시니 그 인자하심이 영원하다 하는 소리와 여호와의 성전에 감사제를 드리는 자들의 소리가 다시 들리리니 이는 내가 이 땅의 포로를 돌려보내어 지난날처럼 되게 할 것임이라 여호와의 말씀이니라(렘 33:10: 역주).

"나는 지금은 그 소망을 붙들 것이네. 그러나 현실적으로 지금 당장 그 회복이 발생할 것 같지는 않군. 아마도 회복하실 분이 영단번(once and for all)에 오시기 전까지는 그렇게 되겠지."

야곱이 말했다.

"아마 당신의 말이 맞을 겁니다."

마태오스가 말했다.

"그러나 이제보다 즐거운 일들에 대해 말해 보세.

16

또 하나의 여행이 시작되다

　율리우스는 외견상으로는 왜소해 보였지만 법정에서는 위협적인 인물이었다. 이날 아침 그는 '유명한' 사람 혹은 '명예로운' 후원자 등 [여러 유력자]의 의뢰한 몇몇 사소한 좀도둑 고소 건을 다루고 있었다.

　그에게는 지루하고 짜증나는 일이 아닐 수 없었다. 그리고 그는 어리석은 자들을 참아내지 못했다. 사실상 그의 마음은 전적으로 다른 데에 있었다. 즉, 그는 그 여성 노예 예언자를 어떻게 구금할 것인가를 고민하고 있었다.

　그는 그녀를 체포하기위해 이미 자신의 사설 경호원인 전직 마차 몰이꾼인 한니발(그 분야에서는 그는 '두려운 한니발'로 불렸다)을 파견했다. 그가 그녀에게 어떤 방법으로 정보를 캐낼 것인지를 생각할 때 그의 심장박동이 빨라졌다.

　산시아(Xanthia)라는 이름을 가진 그 노예 여인은 무슨 일이 다가올 것인지 예감하고 있었다. 그녀가 자신의 주인 헥터(Hector)에게 하나님께서 기도 가운데 그녀에게 그 도시를 당분간 떠나 있을 필요 있으라고 말씀하셨다고 헥터에게 그는 논쟁하지 않고 그녀와 함께 그의 부동산 대리인인 알렉산더와 보내기까지 했다.

헥터는 펠라에 향신료 가게를 갖고 있었고 알렉산더를 페트라에 보내 그곳의 향신료 상인들과 거래하게 하려고 마음먹었다.

헥터는 알렉산더에게 은이 든 가방을 건네면서 경고했다.

"이것을 목숨을 다해 지켜라.

너나 산시아는 이 물건을 너희 의복 속 깊은 곳에 숨겨야 한다.

가방에 두지 말라.

그곳은 너희가 잠자는 동안 밤에 좀도둑이 훔쳐갈 수 있다.

기억해라!

네 몸에서 그 물건이 떨어지지 않게 하라!

그리고 그 물건을 항상 네가 직접 지켜라.

너희가 나바테아(Nabatea)에 도착할 때, 너는 그 접경에서 통관세를 낼 수 있다. 그것이 딱 사업 비용이다. 네가 결혼하지 않은 남성과 여성으로 함께 여행하는 것은 적절치 않다. 그러나 이번에는, 이 순간만큼은 가장 안전한 선택으로 보인다. 달리 보낼 만한 사람이 없다.

자! 이제, 빨리 움직여!

뒤쪽으로 나가서 포도밭을 관통한 다음 우리 도시의 둘레 길로 돌아 내려가서, 왕의 대로로 이끄는 길을 타고 가다가 남쪽으로 향하여라!

이 여행은 시간이 걸릴텐데, 네가 강력히 밀어 붙여 향신료 상인들과 거래를 잘 끝낼지라도, 아마도 수 주일이 소요될 것이다. 너도 잘 알겠지만 그들은 매우 영리한 자들이다."

> **고대의 세탁소**
>
> 고대에 의복을 빨래하는 일, 특히 값비싼 의복들을 세탁하는 일은 오늘날 못지않게 시간이 소비되는 일이었다. 종종 그러한 세탁은 집에서 이루어졌고 더욱 근사한 집들은 이 악취나는 일을 완수하기 위해 자신들만의 '빨래하는 하녀들'을 두곤 했다.
>
> 악취가 난다는 것은 하얀색의 겉옷(toga)들이 순수한 백색을 띠도록 표백하기 위해서 취하는 방식이 그 외투들을 소변에 담가 두는 것이었기 때문이다. 고대 세계에는 또한 일종의 공적인 세탁소들이 있었고, 그곳에는 소변에 의복들을 담가 두기 위해 커다란 대리석 통이 있었다. 가격만 맞으면 어느 것이든 가장 깨끗이 세탁할 수 있었다.
>
> 물론, 표백제로 소변을 사용하는 것의 문제점은 비록 고대 세계에 모직물의 색깔을 바래지 않게 하는 여러 기술이 명백히 존재했을지라도, 외투, 겉옷, 속옷이 어떤 종류이든 색상이 들어가 있고 금세공의 가는 줄과 같은 것들이 있다면 그 옷들의 색채를 매우 단조롭게 만든다는 점이었다.
>
> 이것은 소위 왕들의 색으로 불리는 자줏빛(royal purple)을 띠는 적자색(murex) 조개껍데기에서 추출한 염료에 더욱 해당되었다. 그 색깔은 어떤 의미에서는 황제의 트레이드마크, 이번 경우에는 베스파시안을 나타내는 색조였다. 오직 그의 대리인들만이 그 색조로 염색된 의복들을 입도록 허용되었다.

"내가 항상 말했듯이 세 갈래 길로 가라.

그렇지 않으면 너는 네가 원하는 가격에 그 향신료를 얻을 수 없을 것이다.

음, 알렉산더!

너는 이 일을 어떻게 처리할지 알겠지!

안녕!"

그것으로 알렉산더와 산시아는 기둥들로 둘러 싸인 정원을 통과하고 포도원을 관통한 길로 들어서는 뒤쪽 길로 떠나갔다. 헥터는 한동안 그들을 다시 볼 수 있다고 생각하지 않았다. 그럴수록 더 좋은 것은 적어도 그들이 안전하다는 것을 의미하기 때문이었다.

어떤 지역들은 어떤 색조의 염색이 오래 유지되는 의복들을 만드는 것으로 유명했는데, 예를 들면 루디아(Lydia)로 알려진 터키에 있는 지역이었다. 사도행전 16:11-15에는 두아디라 출신의 한 여인과 만난 바울의 유명한 이야기가 있다. 두아디라는 루디아 왕국의 한 촌락으로 루디아 왕국의 정상에 있었다. 하지만 바울 시대에는 두아디라는 아시아주(province of Asia)에 속했다.
우리는 루디아가 개인의 이름인지(고대 지역을 따라 이름이 지어진 여인) 혹은 '루디아 출신의 사람'을 가리키는지 정확히 알 수 없다. 그리스어 자체는 앞쪽 해석을 선호한다. 어떤 경우든 그녀는 자신의 집과 하인들을 거느렸고 자줏빛 의복을 만들도록 허가받은 높은 신분의 여인이었던 것으로 보인다. 바울이 그녀를 만날 때 그녀가 로마 식민지였던 북그리스에 위치한 빌립보에 거주했지만 필시 그 직업을 자신의 고향 땅에서 익혔을 것이다.
의복을 만들고 염색하고 세탁하는 일은 세 개의 분리된 직업이었을 것인데, 실제적으로는 적어도 첫째와 셋째 일은 보통 집에서 행해지는 여인들의 작업 중 일부였다. 염색은 더욱 복잡하여 종종 루디아와 같은 전문가들의 손에 넘겨졌다. 어떤 경우든 헥터가 자신의 세탁 시설과 노동자들을 자신의 집 안에 두고 운영한 것은 부자로서 당연한 것이었을 것이다.

거의 20분이 지날 무렵, 귀청이 떨어질 정도로 심하게 문을 두드리는 소리가 났다. 문을 열었을 때 짙은 갈색 곱슬머리를 가진 작은 체구의 그리스인 헥터에게 거구인 한 사람의 명치가 눈에 들어왔다. 그는 큰 소리로 말하고 있는 흉터 있는 그 사람의 얼굴을 올려다보았다. 그는 체포 영장을 내밀며 낮은 목소리로 말했다.

"나는 여기에 율리우스 판사님이 명하신 공무를 집행하러 왔다. 우리는 너의 노예 중 한 젊은 여자가 반역적 언사를 했다는 믿을 만한 근거를 가지고 있다.

그래서 그녀를 심문하여 재판에 넘길 목적으로 그녀를 체포하러 온 것이다."

헥터는 자신의 키를 쭉 늘이면서 말했다.

"우선, 그리스법이나 로마법에 따르면 노예들은 사람이 아니라 재산입니다. 그것들은 사람으로 재판에 부쳐질 수 없습니다. 그러므로 나는 단지 그 이유만으로도 이 소환장이 부적절하다고 거부할 수 있습니다.

그러나 그것이 가능하다 해도 그녀는 여기 없습니다.

나바테아로 긴 여행을 떠났고 다시 돌아올지는 모르겠습니다. 그곳으로 가는 길들은 군인들은 말할 것도 없고 유대 전쟁으로 인해 도적들과 피난민들이 들끓고 있습니다. 그래서 그녀가 율리우스 판사 앞에 언제 서게 될지 알 수 없습니다."

한니발은 서슬이 퍼랬다.

"나는 너의 집을 수색해 이 악랄한 여인이 어디에 숨어 있는지 찾아낼 권리가 있다."

헥터는 미소를 지으며 말했다.

"원한다면 얼마든지요. 나는 아무것도 숨길 것이 없고 확실히 그녀는 여기 없으니까요!"

한니발은 대저택에 풀어 놓은 수소마냥 집을 샅샅이 수색하기 시작했다. 그는 소파를 뒤집고 옷장들과 침실들을 자세히 들여다 보고, 포도주 저장고를 쿵쿵거리며 돌아다니고, 세탁소 주변을 코로 쿵쿵거리며 냄새를 맡았다.

그러나 그것도 잠깐이었다. 표백을 위해 사용된 소변 냄새가 코를 확 찔렀기 때문이었다. 그 자리를 서둘러 피하고 포도원을 수색했다. 수색이 한 시간 넘게 이루어졌으나 젊은 여성 노예와 유사한 어떤 것도 찾아내지 못했다.

한니발은 수색 능력이 뛰어난 자는 아니었을지 모른다. 그러나 그는 수색을 언제 그만둘지는 알았다. 마침내, 그는 쿵쾅거리며 주간 업무를 처리하며 앉아 있는 헥터가 있는 '타블리눔'(*tablinum*)으로 돌아왔다.

"아무도 없군. 하지만 이 여인들이 돌아오면 언제든지 다시 올 것이다. 율리우스 판사님은 쉽게 포기하는 분이 아니다. 그건 내가 장담하지."

"좋습니다."

헥터가 말했다.

"당신 주인은 내 입장도 무시한 채 내 노예를 재판하려 했습니다. 산시아는 내 재산이기 때문에 당신의 주인은 조만간 이 일을 나와 직접 다루게 될 겁니다.

그러나 당신이 말한 대로 그녀가 돌아올지 누가 알겠습니까!"

이 말과 함께 헥터는 일어서서 한니발을 문 쪽으로 안내했다.

"안녕히!"

한니발이 문 밖으로 나가자 헥터는 그의 손을 들며 말했다.

한니발이 돌아서며 말했다.

"네가 나를 다시 보게 되더라도 놀라지 말아라.

다음에는 나는 그렇게 친절하게 대해 주지는 않을 테니까."

> ### 스타디온 (*STADION*)
>
> 이 기본적인 그리스의 측정 단위는 비록 올림픽 스타디움에서는 176미터에 가까운 길이일지라도 헤로도투스에 의해 약 600피트(157m)에 해당한다고 말해진다. 그러한 경기장 안에서의 경주는 그들의 길이가 야드나 미터보다는 그들이 얼마나 많은 스타디온을 달렸는가로 측정된다. 이 그리스어 어휘의 라틴화된 형태가 스타디움(*stadium*)이다. 이 어휘로부터 영어 단어가 온 것이다. 복수 형태는 '스타이'(*staii*) 혹은 '스타디아'(*stadia*)가 될 것이다.

한니발이 시야에서 사라지자 헥터는 노예들 가운데 있는 그의 우두머리 전령을 호출하여 말했다.

"마을로 내려가 변호사 제노(Zeno)를 방문해라. 그에게 방금 발생한 일에 대해 말하고, 필요하다면 나와 내 노예에 대한 거짓 주장에 관한 명예훼손 소송을 준비하라고 말해라. 내가 가서 점심을 들면서 충분할 설명할 것이라고도 전해라. 하지만 지금 당장은 그에게 법적 선택 사항들을 신중하게 살펴달라고 말해라."

"율리우스가 고대 그리스법을 거슬러 제멋대로 행동하게 두어서는 안 된다. 이 마을은 로마의 식민 도시가 아니며 전통석으로 로마법을 기본으로 운영되는 도시도 아니다."

그 노예가 떠나자 헥터의 얼굴에 미소가 스쳤다.

그는 스스로 생각했다.

'요즘 같을 때는 아무리 조심해도 지나치지 않다. 로마인들에 한 스타디온을 주면 그들은 열 스타디온을 취한다.

산시아가 양들 가운데 있는 한 마리의 늑대에 대해 경고한 것은 옳았다. 나는 아리스토볼루스에게 결코 작은 밀고자 율리우스를 다시는 우리 예배에 초청하지 않도록 말해야 한다.'

17

향신료와 뱀들

펠라로부터 페트라로의 여행은 길고 뜨겁고 몹시도 힘든 여정이었다. 산시아와 알렉산더는 이미 삼 일 동안 여행했고 가끔 만나게 되는 오아시스와 상관없이 가장 많이 눈에 띠는 광경은 광야였다.

앞에 놓인 울퉁불퉁한 장밋빛 지평선은 그들의 뒤에 놓인 바짝 마른 바위가 흩뿌려진 지평선보다 더 멀리까지 펼쳐진 것으로 보였다.

사진 17.1. 페트라 인근 광야

짐 운반용 짐승이 없이 여행하면서 알렉산더와 산시아는 오아시스에서 오아시스까지, 샘에서 샘으로 차근차근 걸음을 옮기며 남쪽으로 향했다. 낙타를 타고 무리를 지어 향신료를 싣고 북쪽으로 향하는 수많은 상인이 있었다.

향신료에 대한 수요는 요리용 커민(cumin)부터 시신 매장용 몰약(myrrh)까지 종류가 다양했으며 제의들, 특히 종교적 목적으로 그리고 왕궁에서 행해지는 제의용 향품(incenses)도 있었다. 이 대로가 한때 향신료길(the Spice Road)로 불린 것은 이상한 일이 아니었다.

> **나바테아(Nabata) 혹은 아라비아(Arabia)라는 이름 안에는 무엇이 담겨 있는가?**
>
> 나바테아는 1세기까지 이르는 수많은 세대 동안 그 이름으로 불려 왔다. 트라얀 황제 때에는 그 지역이 로마의 주에 속했다. 유대인들은 종종 그 지역을 그 지역의 고대 이름인 아라비아로 불렀다.
> 로마인들이 그 지역을 휩쓸기 전에 그리스인들은 그 지역을 나바테아로 불렀는데, 데가볼리 안에서 그들이 나바테아 사람들과 맺은 역사적 동맹들과 아레타스라는 이름을 가진 그들의 다양한 통치자 때문이었다

알렉산더와 산시아가 페트라에 도착한 것은 저녁 무렵이었다. 그들은 페트라의 중심부로 이끄는 좁고 비바람에 깎인 바위들로 된 통로들을 통해 접근했다. 이 통로들은 거인 나바테아 예술가에 의해 형성된 것처럼 보였다.

산시아는 그 자리에 계속 서 있으면서 그 통로의 윤곽과 장엄함을 경이롭게 올려다보고 둘러보았다. 조각된 것 같은 바위들의 좁다란 복도를 통해 굽이굽이 길을 따라가면서 그녀와 알렉산더는 돌로 이루어진 독특한 도시 안으로 들어갔다.

붉은 빛과 점점 커지는 조화로운 음악 소리를 따라 걷다가 그들은 곧 절벽의 노출면에 조각된 기둥으로 둘러싸인 건물 앞에 펼쳐지는 종교 의식처럼 보이는 현장에 끼어들게 되었다.

그 장면은 평범하지 않았고 그들이 이전에 대면한 적이 있는 그 어떤 것과도 결코 유사하지 않았다.

아레타스 왕(King Aretas)

아레타스 4세는 A.D. 9년부터 대략 40년까지 페트라를 포함하는 나바테아 왕국을 다스리던 왕이었다. A.D. 37년 이후, 그는 다메섹을 다스리는 왕이기도 했다(칼리굴라의 허락 덕분에). 이 기간 동안 바울은 아레타스와 갈등을 빚었는데, 필시 그의 페트라에서의 복음 전파 때문이었을 것이다.

이러한 근거들로 바울에 대해 발급된 영장이 있었던 것으로 보이며 바울이 다메섹에 있을 때, 그를 추적하는 아레타스라는 그 지역 지배자에 관한 성경 이야기가 있는 까닭이다(참조. 갈 1:17; 고후 11:32-33; 행 9:23-25).

나바테아 왕국은 트라얀 황제 시대까지 계속 존재했고, 그때에는 그 지역은 "안정되었고," 정확히 말하면 로마의 주로 편입되었다. 하지만 그 무렵이 되기까지는 로마가 나바테아 왕국과 일련의 동맹을 체결했었고 나바테아 사람들은 B.C. 200년에서 A.D. 100년의 기간 동안 여러 면에서 로마인들이 유대인들을 공격할 때 도움을 주었다.

나바테아 사람들 자체가 아래 홍해 쪽으로 이어지는 남아라비아 광야 베두인에서 기원한 것으로 보인다. 그러나 그들은 에돔 사람들의 세력이 약화되자 에돔 왕국의 여러 지역을 탈취했으며 그 일에는 페트라라고 불리는 장엄한 '장미 도시'(rose city)의 쟁탈도 포함되었다.

나바테아 사람들은 자신들만의 신들을 섬겼고, 그 지역에 대한 알렉산더의 헬라화의 영향을 그리 많이 받지 않았던 것 같다. 그들은 무역상들이었고 일련의 오아시스들을 세워 각 오아시스 지역에서 경작하여 자기 나라에 속한 무역상들이 향신료들과 다른 물품을 팔러 왕의 대로를 타고 북으로 향하거나 향신료들과 물품들을 수집하러 남쪽 아라비아 지역으로 여행할 때 지원해 주었다.

트라얀 황제가 나바테아 왕국을 제국에 완전히 병합하려는 노력을 기울이기 전인 A.D. 1세기 말까지 나바테아 사람들이 그 지역을 여전히 통치했는지는 전적으로 명확하지 않다.

아레타스 4세의 딸인 파셀리스(Phasaelis)는 헤롯 안티파스와 결혼했었다. 그러나 헤롯은 그의 형제 빌립의 아내 헤로디아스(Herodias)와 결혼하기 위해 그녀와 이혼했다. 이것은 그의 형제뿐 아니라 아레타스 왕에게도 수치를 안겨 주는 일이었다. 아레타스는 이 모멸을 가만히 받아들이지 않았고 사실 파셀리스는 헤롯 안티파스가 그녀를 배신할 계획을 세우고 있음을 미리 알았기에 아버지에게로 피신했었다.

그리하여 아레타스 4세는 헤롯의 국경 지역을 침공하여 헤롯 군대를 패배시킴으로 복수를 감행했고(부분적으로는 헤롯 군대의 일부가 실제적으로 그를 버리고 다른 쪽에 합류했던 까닭이다) 그의 영토의 일부를 빼앗았다.

요세푸스는 우리에게 초기 유대인 중 어떤 이들은 이 패배를 헤롯 안티파스가 세례 요한을 참수한 원인이라고 생각하고 있다고 말한다(Ant. 18.109-118). 헤롯은 가이사에게 도움을 요청했으나 아무런 결과가 도출되지 않았다. 그 황제는 수리아의 총독 비텔리우스(Vitellius)가 아레타스를 징벌하기 위해 나바테아 왕국에 도착하기 전에 죽었기 때문이다.

수천 개의 램프는 절벽 표면을 잘 조각하여 세운 붉은 돌로 된 건물 앞에 있는 땅바닥을 빛으로 얼룩지게 했다. 그들은 그곳이 '성소'(sanctuary)라고 생각했다.

그리고 주위에 둘러선 군중들로부터 산시아가 결코 들어보지 못했던 노래 비슷한 어떤 것들이 울려 퍼지고 있었다. 나바테아 사람들이 사용하는 언어는 낯선 것이었으나 조화롭고 활기 넘치는 노래하는 기운이 그녀를 감동하게 했다. 그녀와 알렉산더는 그 장면을 보기 위해 멈춰섰다.

그 의식은 산시아가 익히 알고 있는 그 어떤 것과도 유사성을 갖지 않은 언어와 종교 안에 간직된 어떤 고대 문화가 당시까지 지속하던 유산이었다. 그 의식은 이국적이고 환상적이 마음을 빼앗는 힘이 있었다.

그러나 알렉산더는 덜 매혹되었고 당연한 순서로 그녀를 살짝 밀치며 그들이 계속 이동하여 그날 밤을 유숙할 곳을 찾아야 한다고 속삭였다. 산시아는 그 장면으로부터 자기 시선을 거두고 그의 손을 잡으며 그에게 미소 지었다. 그녀가 그를 만질 마음이 들어설 수 있다는 것이 이상하게 느껴졌다.

지난 몇 달 동안 서서히 타오르던 로맨스가 몇 번의 곁눈질로 살펴보기, 속삭임, 서로를 향한 작은 신뢰의 순간들, 둘만이 남게 된 흔치 않은 기회 속에 짧지만 달콤한 포옹과 주인 헥터가 그들에게 그렇게 하겠다고 계획을 말한 대로 그 둘 모두가 노예에서 해방되자마자 그녀와 결혼하겠다는 진심을 담은 알렉산더의 맹세 안에서 진행되고 있었다.

이 예기치 않은 여행에 대한 생각으로 그녀 마음속에 두려움이 가득 차게 된 순간에도 그녀는 헥터가 알렉산더를 불러 그녀와 함께 가라고 말했을 때 그녀는 미소가 번지는 것을 참기 위해 입술을 지그시 깨물어야 했다.

마침내, 그 둘만이 남게 되었을 때 그 상황의 낯섦이 그녀를 압도했고 알렉산더도 동일하게 느끼는 것 같았다. 그들은 지금까지 여행 내내 단지 필요할 때만 말을 했고 때때로 수줍은 미소만 주고받을 뿐이었다.

사진 17.2. 페트라에 있는 절벽들

사진 17.3. 페트라 신전

그러할지라도 지금은 숨을 멈추게 할 만한 주변 환경과 아름다운 노래 앞에 있게 될 때 그 상황은 그녀로 소름 돋게 했고, 그녀에게서 수줍음을 앗아가 그에 대해 약간은 편하게 느끼게 되었을 뿐 아니라 그들의 관계를 진척시켰다.

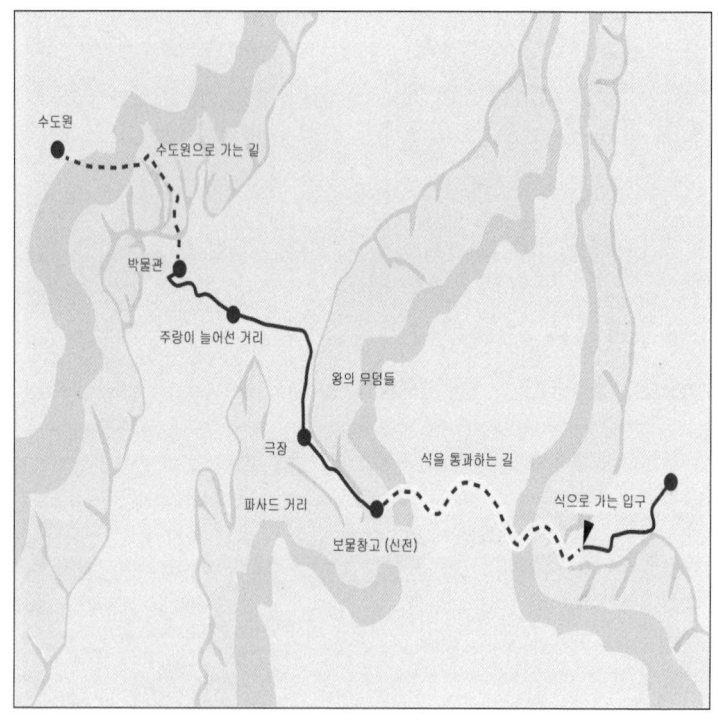

사진 17.4. 당시 사람들이 페트라로 갈 때 택했을 식(Sik)과 언덕들을 통과하는 행로. 식 과 그 너머로 갈 때 다양한 종류의 건물들이 20 마일 넘게 늘어서 있었다.

사진 17.5. 페트라 신전

사진 17.6 . 페트라 수도원

짐을 풀고 밤을 보낼 지점을 찾은 후 알렉산더와 산시아는 불을 피고 요리하고 있는 근처의 야영자들과 함께 음식을 나누었다. 알렉산더는 그들에게 약간의 비용을 지불했다.

그 밤은 빨리 지나갔다. 여행자들도 매우 지쳐 있었다. 그들이 다음날 아침 눈을 떴을 때 태양이 중천에 떠 있었다. 전경을 살피려고 잠시 시간을 들인 후 그들은 지난밤에 흑암 속에 들어섰던 길을 굽어보기 위해 언덕 꼭대기로 올라갔다.

그 광경은 장관 자체였다. 의식이 거행되는 신전 입구로 보였던 것은 견고한 바위를 조각한 것이었다. 하지만 그 건물의 경계선들은 순전히 절벽과 구분이 안 될 정도로 섞여 있었다. 기둥들은 산시아와 알렉산더가 펠라에 있을 때 친숙했던 공식적인 코린트 스타일로 만들어졌다.

그러나 그 조각상들은 이 건물이 사실상 장인들과 건축가들이 건축할 때 많은 달이 소요되었을 것임이 틀림없는 대규모 묘지(mausoleum)였음을 보여 주었다.

> ### 마우솔레움 (*Mausoleum*)
>
> '마우솔레움'(*mausoleum*)이라는 어휘는 마우솔루스(Mausolus)라는 이름을 가진 왕을 따라 생겨났다. 그는 터키에 있는 오늘날의 보드럼(Bodrum) 근처에 있는 할리카나수스(Halicarnassus)에 자신을 위하여 유명한 무덤을 건축했다.
> 마우솔루스는 페르시아 제국의 서쪽 끝 근처에 있는 페르시아인 지방 관리자였다. 이 시기는 페르시아 왕 고레스가 B.C. 538년 자신의 제국을 세웠을 때, 한 세대 동안 바벨론 포로기에 쇠약해지고 있던 유대 백성들을 자유롭게 한 무렵으로부터 한참이 지난 때였다.
> 페르시아 제국 혹은 아케메네스(Achaemenid) 제국은 B.C. 550년에서 330년 사이에 존재했고, 서쪽으로는 마케도니아의 지역까지 그리고 동쪽으로는 인디아까지 뻗어 나갔다. 마우솔루스의 무덤은 그 사람 자체보다 더 유명해졌는데, 고대 세계의 일곱 불가사의 중 하나가 되면서 이른바 알렉산더 대왕의 무덤과 같은, 이스탄불박물관에서 찾아볼 수 있는 서관들과 같은 후대 왕족들의 무덤의 모델이 되었다.

비록 산시아와 알렉산더가 말하지 않아도 그것은 편안한 침묵이었다. 전날 밤 둘 사이에는 그 어떤 어색한 긴장도 사라진 것처럼 보였다.

아래로 내려가서 그들은 향신료 시장으로 가는 길을 찾아냈다. 그곳은 충격 자체였다. 그들은 그렇게 다양한 종류의 향신료, 그리고 그러한 종류의 색깔들이 배열된 것을 결코 본 적이 없었다. 여기에는 겨자 빛깔 노란색, 구워진 오렌지색(burnt orange), 검은색, 갈색, 그리고 녹색의 색조들이 있었고, 그것들이 뿜어내는 방향이 아침 공기 안에 뒤섞여 둥둥 떠다니고 있었다.

사진 17.7. 시장에 있는 향신료들

유향과 몰약에 더하여, 카르다몸(cardazmom-생강과 약용 식물), 고수, 사프론, 생강, 파프리카, 슈막(sumac), 고추 등이 모두 관심을 끌고자 경쟁했다. 산시아가 물으면 상인들이 진열대 하나 하나 위에 놓여 있는 향신료들의 이름을 알려 주었지만 그녀는 그들의 이름들을 기억할 수 없었다.

"나는 당신이 무슨 생각을 하고 있는지 알아요."

알렉산더가 씩 웃으며 말했다.

"이 모든 것을 어떻게 집으로 가져가지요?

짐을 실을 나귀를 한 마리 사야 할까 봐요."

"그거 괜찮겠어요. 나는 지금까지 그 일에 대해 많이 생각해 보지 않았거든요. 펠라로 가는 내내 우리를 끌어당기고 있는 엄청나게 큰 향신료 더미만 보았을 뿐입니다.

이제 우리가 애굽으로부터 돌아오고 있는 마리아와 요셉처럼 같아 보이지 않을까요?!"

헥터가 수년 전부터 이미 그래왔던 것처럼 알렉산더와 산시아는 그 도(the Way)를 따르는 자들이 되어 있었다.

관례대로 전체 가솔들이 주님의 제자가 되었다. 그리고 그들은 아무도 그리스어를 잘 읽을 수 없었지만 예수의 이야기들에 대한 생생한 구두 증언을 흡수했다.

알렉산더와 산시아는 각각 따로 그 시장을 살펴보기로 했다. 그러나 쓱 훑어보는 것만으로도 30분이 족히 걸릴 만큼 그곳에 너무 많은 진열대와 상인이 있었다.

산시아가 길을 옮기고 있을 때 그녀는 한 가판대 옆으로 떨어지는 쥐를 분명히 볼 수 있었다. 그리고 그녀는 스스로 음식을 찾아 헤매는 설치류들과 다른 작은 짐승들이 숨기에 최적의 장소임에 틀림없다고 생각했다. 왜냐하면, 그것들이 바위틈 사이에 쉽사리 몸을 숨길 수 있을 것이기 때문이었다.

산시아가 자신의 고집을 꺾지 않는 고객과 큰 소리로 흥정하고 있는 한 상인에게 시선을 빼앗기고 있을 때, 그녀는 갑자기 설치류를 추적하는 독사 한 마리를 보았다. 그 독사는 그녀가 가는 길을 가로지르고 있었다.

공포에 휩싸인 그녀가 비명을 지르자 독사가 그녀를 공격해 발목을 물었다. 그 사실을 알아챈 첫 번째 사람은 상인이었다. 그는 자신의 가판대 뒤에서 작은 칼을 들고 뛰쳐나왔다.

"빨리 누워요."

그 상인은 산시아에게 명했다.

"당신은 큰 위험에 빠졌습니다."

그녀는 즉각 지시대로 따랐다. 그녀의 심장은 쿵쾅쿵쾅 뛰기 시작했고 알렉산더가 어디에 있는지 궁금했다. 그녀는 자신의 발목이 부어오르고 있을 때 알렉산더가 다른 방향을 이리저리 다닐 것임에 틀림없다고 생각했다. 광야의 태양에 갈색으로 그을린 그 작은 상인이 이미 그녀의 다리 위로 무릎을 꿇고 있었다.

"약간 따끔할 겁니다. 이빨 사이에 이것을 꽉 물고 있어요."

산시아는 그가 말한 대로 했다. 그때 갑자기 그녀의 발목뼈 위로 날카롭게 칼날이 두 쪽으로 베는 느낌을 받았다. 그리고 그는 물린 자리를 입으로 빨아서 최선을 다해 독을 뱉어 내었다.

산시아는 그 일이 엄청난 고통을 주었음에도 막대기를 입에 물고 있었기에 비명을 지를 수 없었다. 그녀의 머리는 멍해지기 시작하면서 거의 실신할 지경에 이르렀다. 알렉산더는 그녀의 비명을 알아차리고 이제서야 그녀 곁에 돌아왔다. 그녀를 공포 속에 내려다보면서 백지장처럼 얼굴이 하얘졌다.

"그녀가 살아날 수 있을까요?

무슨 일이 벌어진 겁니까?"

그 작은 사람이 올려다보며 말했다.

"그녀는 당분간 어디든 가면 안 됩니다. 치료가 되려면 어느정도 시일이 걸릴 겁니다. 그러나 살 수는 있을 거예요. 그녀는 한동안 잠을 깊이 자는 게 좋을 겁니다. 열이 날 수도 있습니다. 하지만 내 동생이 의사인데 그가 내게 이런 순간에 무엇은 해야 할지 가르쳐 주었습니다. 여기 주변에는 뱀들이 꽤 많거든요. 내가 상처를 싸맬 테니, 당신은 그녀가 묵으며 휴식을 취할 곳으로 데려가야 합니다."

"알겠습니다."

알렉산더가 말했다.

"그렇게 하고말고요."

그러나 그의 마음은 쿵쾅쿵쾅 뛰고 있었다.

18

벳새다의 비밀들

벳새다는 예루살렘 함락 후 엿새째 아침인 이날 아침, 활발한 움직임으로 북적이고 있었다. 새벽녘의 첫 불빛까지는 어부들이 그들의 배를 물에 띄우고 있었다.

아침까지 남아 있던 화로의 깜부기불은 여인들 대부분이 마을 건너편에 있는 언덕 아래의 우물까지 수레를 끌고 가는 중에도 여전히 불빛을 내고 있었다. 그러나 마태오스는 잠들어 있었다. 그의 여행의 고단함이 그를 붙잡아 두었다.

야곱은 아이들이 그 손님의 단잠을 방해하지 못하도록 막고 있었다. 그는 거의 70세에 가까운 삶을 살아온 예수님의 직계 제자인 열두 제자 중 한 사람이 바로 자신의 지붕 아래 있다는 사실을 믿기 어려웠다. 몇 년 전에 돌아가신 야곱의 아버지는 이 사실을 알면 전율을 느끼셨을 것이다.

그의 아버지의 죽음에 대한 생각이 죄의식과 좌절감이 가미된 익숙한 슬픈 감정을 떠오르게 했다. 빌립의 죽음은 신비에 싸여 있었다. 어떤 이들은 그가 예수님에 대한 증언으로 인해 돌에 맞아 순교했다고 했다. 다른 이들은 그가 가파른 언덕 아래로 떨어져 목이 부러져 죽었다고 했다.

아들로서 수리아의 먼 지역에서 무슨 일이 일어났는지 확신할 수 없고 시신을 수습하여 그의 아버지를 위해 적절한 장례를 치러 드릴 수 없는 것이 그에게는 무척 난처한 일이었다. 부모를 공경하는 아들로서 첫 번째 의무는 적절한 장례를 보장하는 것이었다. 그는 스스로가 실패자처럼 생각되었다.

아기의 울음이 그로 하여금 우울함에서 빠져나오게 했다. 그의 장녀인 에스더가 아기 울음소리를 듣고 뛰어 올라왔다. 그러나 그 소리는 이미 뜰에서 조금 떨어진 작은 방에서 자고 있던 마태오스를 깨웠다.

조금 후 아침 태양의 온기 아래 잠시 앉아 있던 마태오스는 갓 구워낸 무교병과 약간 묽게 담근 포도주와 담근 말린 과일로 구성된 신선한 아침 식사를 즐겼다. 그는 야곱에게 대단히 중요한 질문을 던지려고 마음먹고 있었다. 사실 그 질문은 마태오스 자신도 부정적인 대답이 주어질까 두려워 묻기를 주저했던 질문이었다.

"야곱! 내가 무엇을 찾고 싶은지 말해도 될까?"

마태오스는 자신의 무릎에서 작은 빵부스러기들을 쓸어내리면서 말을 시작했다.

"나는 내가 아직 힘이 남아 있을 때 예수께 대해 쓸 수 있는 모든 것을 기록하고픈 필요, 아니 갈망에 큰 부담을 느끼고 있네.

소문에 들리기를 이 마을 중 어딘가에 예수님의 이야기들, 아마도 말씀들 혹은 기적 이야기들, 혹은 비유들과 같은 어떤 기록물들이 있다고 하던데, 이에 대해 알고 있는 것이 있나?

그와 같은 기록물들을 찾을 수 있게 나 좀 도와줄 수 있나?

나는 특히 예수님의 말씀들에 관심이 있다네. 나는 이미 두루마리 형태로 갖고 있는 마가의 복음 이야기 안에 그런 말씀 기록들을 많이 갖고 있지만 말이네."

"음."

야곱은 말을 꺼냈지만 잠시 멈추었다. 그것이 마태오스의 심장을 긴장시켜 빨리 뛰게 했다.

"당신은 바른 장소로 찾아오신 것 같군요. 아무튼 거의 도달했습니다. 베드로의 무리(assembly)에 대해 말씀드리지요. 베드로 사도께서 마침내 집으로 돌아오셨을 때 그것은 지금부터 약 10년 전쯤 되었겠네요.

그는 벳새다에 있는 자신의 집을 안드레의 가족에게 넘겼습니다. 베드로 사도는 그 후 가버나움에 있는 그의 장모님 집으로 이사했습니다. 그곳은 당신도 잘 알다시피 예수께서 그 지역에 머물 때 본부로 삼으셨던 집입니다.

그 집이 규모가 작았던 만큼 작은 규모의 예배가 그 가버나움 집에서 드려졌습니다. 우리는 주일 저녁이면 모두 그곳에 짐을 싸서 모여들었고, 축복된 시간을 갖곤 했지요.

그러나 그곳은 적절한 장소가 아니었어요. 그 어떤 것도 보관할 수 있는 장소가 아니었습니다. 게다가 항상 가버나움의 바리새인들과 충돌이 일어났고, 그리고 그 충돌은 지난 10년 넘게 지속되었습니다.

언젠가 모든 사람이 나가 있는 동안 그 집에 예수님의 몇몇 가르침이 적힌 두루마리가 남겨져 있었는데 누군가 와서 가져가고 말았습니다. 그 뒤로 다시 그 두루마리를 본 적이 없습니다.

사진 18.1. 지금은 가버나움에 있는 현대의 가톨릭교회 아래 있는
8각형의 "베드로의 집"

그래서 우리는 우리의 성스러운 문서들의 많은 복사본을 만들고 원본들은 안전한 장소에 보관하는 방법을 스스로 깨우쳤습니다. 그 사본들은 완전하지 않았습니다.

나는 서기관이 아니므로 항상 원본을 판독하지 못했습니다. 그러나 다행히 몇몇 원본은 지금도 존재합니다. 그리고 만일 당신이 약간 걸어야 하는 부담감에 개의치 않는다면, 내가 지금 당신을 그 원본들이 있는 곳으로 데려다줄 수 있습니다."

마태오스는 흥분으로 몸을 떨었다. 그는 그들이 어떤 자료를 갖고 있든 이 두루마리들을 손에 넣는 일을 더 이상 기다릴 수 없었다. 그의 철필과 잉크 그리고 파피루스를 챙기면서 즉시 필사가 가능한 준비를 마쳤다.

"내가 그 문서들을 가버나움에 갖고 갔다가 다시 그것들을 다시 가져와도 될까?

아니면, 적어도 내가 그 문서들을 안전한 장소에서 신중하게 필사할 수 있는 자네 집까지 가져갈 수 있을까?"

우리가 그 문서들을 다룰 수 있을지 잘 모르겠습니다. 그러나 우리는 우리의 고귀한 문서들을 감독하시는 목자인 연로하신 유다에게 여쭈어 보아야 합니다.

잘 아시겠지만 우리는 사해가 굽어 보이는 동굴들 안에 에세네파가 그들의 문서들을 얼마나 충분히 잘 숨겼는지에 대해 들었습니다. 그리고 우리 주위에는 매우 많은 동굴이 있습니다.

그래서 우리는 누군가 감독할 수 있거나, 적어도 정규적으로 점검할 수 있는 한 지점을 선택했습니다. 우리는 그 문서들을 담은 뚜껑 달린 네 개의 항아리를 갖고 있습니다. 그리고 각각의 항아리에는 두루마리가 가득 차 있습니다.

분명코 아르벨 절벽(the cliff's of Arbel)을 아시지요?"

마태오스의 가슴이 철렁했다.

"제발 내가 그 문서를 얻기 위해 그 절벽을 올라가야 한다고 말하지 말아 주게.

나는 시도조차 할 수 없네!

내 뼈들은 그러기에 너무 늙었어."

"걱정하지 마세요.

나는 여전히 할 수 있거든요!

내가 돕겠습니다."

그날 오후 야곱과 마태오스는 가버나움을 통과해 내려가는 큰 길을 택하여 움직였다. 야곱이 앞장섰고 갈릴리바다가 굽어 보이는 언덕으로 올라갔다.

"우리 백성은 최근 로마와의 전쟁을 포함하여 환난이 있을 때마다 이 동굴들에 숨곤 했습니다. 대부분 그들은 그 절벽의 다른 쪽에 있는 동굴들에 숨었습니다. 우리는 갈릴리바다를 마주하고 있는 절벽의 이쪽에 있는 동굴을 향해 가고 있습니다. 그 동굴은 한 번도 사용되지 않았고, 외부인이 방문한 적이 없는 동굴입니다."

마태오스는 야곱이 가리키고 있는 언덕을 올려다보았다. 그 언덕은 솟아 있는 경사면으로부터 수직으로 서 있었다. 그는 신음 소리를 냈다.

"이것은 마치 성전으로 올라가는 노래를 부르라고 말하고 있는 것 같군."

야곱은 미소를 지으며 꾸준히 앞으로 나아갔다. 때때로 그는 마태오스가 장애물을 넘도록 도움을 주었다. 잠깐 쉬면서 야곱이 지고 있는 가죽 부대에 담긴 물 한 모금을 마신 후 마태오스가 말했다.

"제발 저기 낮은 곳에 동굴 중 하나라고 말해 주게."

"'예'라고도 말할 수 있고 '아니'라고도 말할 수 있겠네요. 그 동굴은 지면에서 접근 가능합니다.

사진 18.2. 갈릴리바다 근처 아르벨 절벽 있는 동굴

그러나 가장 낮은 동굴들보다는 조금 높은 곳에 있답니다. 우리는 접근이 쉽지 않은 곳에 그 자료들을 두고 싶었습니다.

아! 저 언덕 아랫자락 가까이에 있는 언덕 위로 올라가고 있는 양들이 보이시나요?

유다가 멀지 않은 곳에 계실 겁니다."

마태오스는 언덕 꼭대기 근처에 있는 자갈 더미에 매달려 있는 홀로 서 있는 한 그루의 나무를 바라보았다. 그는 그 나무를 가리켰다.

"야곱! 보게나.

때때로 예수께 대한 우리의 확신과 믿음에 매달리는 것은 저 나무와 같네. 자네는 거센 바람에 버틸 수 있으려면 뿌리를 깊이 내려야 하네."

야곱은 미소를 지었다. 마태오스는 잠언들의 기자처럼 어디든지 지혜를 찾아낼 수 있는 현자였다.

사진 18.3. 아르벨 절벽 동굴에서 보이는 전경

절벽의 아랫자락 근처의 모퉁이를 돌자 한 나이 든 남자가 나타났다. 그는 무리에게서 떨어진 양 한 마리를 지팡이로 콕콕 찌르고 있었다. 그의 길고 하얀 수염은 그에게 원로의 분위기를 느끼게 했다.

"이 분은 연세가 어떻게 되나?"

마태오스가 조용히 물었다.

"이렇게 말씀드리면 될까요?

유다는 원래 나사렛 출신으로 마리아와 요셉이 결혼하기 전부터 그들을 기억하십니다. 그분이 바로 나사렛에 대하여 당신이 물어야 할 당사자이십니다."

마태오스는 아연실색하며 대답했다.

"하지만 그렇다면 그는 적어도 80세가 되어야 한다는 말인데!"

"맞습니다. 그분은 장로 중의 장로로 내가 알기에 예수님의 살아 있는 제자 중에서 제일 연장자이십니다. 그러나 그는 저만큼이나 민첩하시고 매우 지적으로 뛰어나십니다."

야곱은 웅크리고 있는 그 사람에게 다가가면서 휘파람을 불며 손짓했다.

"이분이 마태오스입니다."

그가 소리쳤다.

"열두 제자 중 한 분이시지요!"

유다가 가까이 다가왔다.

"환영합니다."

그가 말했다.

그리고 마태오스를 세심히 살폈다.

"당신은 내가 가버나움에서 알았던 세리와 닮았군요. 그는 레위인이었는데 당신이 그 사람이 맞습니까?"

마태오스는 얼굴을 찡그리면서 응답했다.

예. 유감스럽지만 그렇습니다. 그러나 예수께서 그 일로부터 저를 구해 주셨지요. 정말 다행스러웠습니다. 가버나움에는 과중한 세금으로 저에게 돌을 던질 준비가 되어 있던 유대인들이 있었지요.
예수님이 바로 그 일이 터지기 직전에 도착하신 것입니다!

유다는 코로 거칠게 숨을 쉬며 그의 눈썹을 치켜올렸다.
"그래 무엇 때문에 여기 왔지요?"
"저는 당신이 여기 어디 있는 동굴 속에 숨긴 문서들을 보게 되기를 소망합니다. 저는 마가가 그랬던 것처럼 예수님의 이야기를 쓰고 있습니다. 조금 더 상세히 그리고 갈게요."
유다는 고개를 끄덕이며 언덕 위를 가리켰다. 그들이 절벽을 마주 보고 서게 되자 야곱이 말했다.

여기서부터는 제게 맡겨 두셔도 됩니다. 두루마리들은 저기 위에 있는 동굴에 있는 항아리들 속에 보관되어 있습니다. 그러나 제가 저기 올라가기 전에 몇 가지 질문이 있습니다.
기억해 볼 때 그 문서들은 모든 아람어로 되어 있습니다. 두루마리 중 하나는 마리아와 요셉의 족보를 담고 있지요. 또한, 전쟁이 시작되었을 때 유다가 나사렛에서 가져온 다른 문서들도 있습니다. 그 일은 요셉이 죽고 마리아가 예루살렘에서 에베소로 간 지 오랜 후의 일입니다.

당신이 처음으로 보고 싶은 것은 어떤 두루마리들입니까?"
마태오스가 말했다.

"나는 그 족보들과 예수의 말씀들에 대한 그 어떤 모음들에도 지대한 관심을 두고 있네."

야곱은 그 동굴의 입구까지 능숙한 솜씨로 올라갔다. 마태오스는 그가 이 특별한 암벽 면을 전에도 올라간 경험이 있음을 알았다. 동굴로 들어가는 입구는 덤불 너머에 있어 잘 보이지 않았다.

기어들어간 후, 야곱은 동굴 어귀에서 자신의 고개를 내밀고는 손을 흔들었다. 그곳에서 보았을 때 전경이 매우 인상 깊었는데, 멀리는 갈릴리바다가, 전면에는 경작된 땅의 녹색 밭들이 눈에 들어왔다. 그 전경은 벳새다 근처의 샘에서 일일이 손으로 물을 날라 만든 수고와 마술 같은 변화를 묵묵히 증언하고 있었다.

"여기는 모든 것이 안전해요!"

야곱이 내려다보며 말했다.

야곱이 요청된 두루마리들을 뽑아내는 데는 수 분이 걸렸는데, 각각의 두루마리는 외부 모서리가 닳아지는 것을 방지하고 압축하여 보관하기 위하여 가죽끈으로 묶여 있었다. 그는 그 두루마리들을 조심스럽게 가지고 내려와서 마태오스가 그 두루마리들을 옮기기 위해 가져온 가죽 주머니에 넣도록 그에게 건네주었다.

관리자 역할을 하는 유다가 물었다.

"언제쯤 그 두루마리를 가져올 계획입니까?

우리는 그 두루마리들을 안전하게 보관하여 분실되는 것을 원치 않거든요."

"충분히 이해하고 동의합니다.

그것들을 필사할 수 있도록 일주일만 주십시오.

우리는 이 언덕으로 다시 돌아오는 순례를 마칠 수 있을 것입니다. 내가 알기에 당신은 야곱을 신뢰할 터인데, 나는 그 두루마리들을 당신에게 가져올 수 있도록 야곱에게 전해 줄 생각입니다. 어디엔가 이 항아리들의 목록이 있습니까?"

"오!"

야곱이 웃으며 말했다.

"그 목록이 우리 집에 있다고 말하는 것을 잊었습니다. 내가 찾아서 당신이 살필 수 있게 해드리지요. 그리고 그 외 또 무엇이 필요한지 내게 말씀해 주세요."

"한 가지가 더 있네."

그가 전에 물었던 질문을 기억하며 말했다.

"베드로 자신에 대한 이야기들이 적힌 두루마리가 있는지 아는가?"

마태오스가 질문하자마자 야곱은 두루마리 하나를 더 꺼내오려고 그 동굴로 다시 올라가고 있었다. 그가 동굴에서 내려오자 마태오스에게 말했다.

이 두루마리는 베드로의 집에 남겨졌던 마지막 것입니다. 그 두루마리는 그 가족에게 매우 귀중한 것이었습니다. 그 가족들은 모두 죽었거나 지금은 행방을 모릅니다. 그들 중 유일한 먼 사촌이 지금 가버나움에 살고 있습니다. 그 가족은 마을에 있는 우리 친족 중 몇몇에게 평판이 좋지 않았고 그들 대부분은 마침내 다 떠나갔습니다.

야곱은 땅에 내려와 떠나자고 손짓을 했지만 마태오스는 아직 떠날 준비가 되지 않았다.

마태오스가 유다에게 물었다.

"우리가 떠나기 전에 마리아와 요셉이 어려서 나사렛에 살던 때의 그들에 대해 말씀해 주세요.

그들은 실제로 어떻게 결혼하게 되었나요?"
유다는 커다란 바위에 기대고는 그의 양들을 지켜보았다.
"흠."
그는 자신의 이야기를 시작할 준비를 했다.

마리아는 요셉과 약혼할 때 겨우 열세 살된 어린아이에 불과했어요. 요셉은 마리아보다 몇 살 위였지요. 그는 선하고 신실한 가문 출신이었습니다. 요셉은 마리아의 아버지와 거래했답니다. 결혼 전 일 년 동안의 약혼 기간 그녀는 이미 함께 살거나 동침하는 것을 제외하고는 모든 면에서 그의 아내였습니다.

그것은 이루 말할 수 없는 충격이었어요. 마리아가 아이를 가졌다고 알려진 것은 엄청난 충격이었습니다. 마리아는 착한 소녀였고 품행이 단정했으며 그녀의 부모도 존경받는 이들이었지요.

이 일이 어떻게 발생했는가에 관한 그녀의 설명은 기적들과 천사들과 그러한 것들을 믿는 가장 신실한 이들조차도 믿기 힘든 내용이었답니다. 그러나 그녀는 한결같이 자신의 이야기를 펼쳤어요.

요셉은 이 일로 마음이 크게 흔들렸어요. 그는 결혼 계약이 이미 몇 개월 전에 날인되었고 성립되었기에 공식적으로 그녀와 이혼할 수 있었을 것입니다. 그는 가능한 한 추문을 최소화하려고 이 일을 은밀히 처리하길 원했습니다.

그러나 나사렛은 작은 마을입니다. 이런저런 말들이 나기 시작했고 소문이 삽시간에 퍼졌습니다. 많은 사람은 마리아가 수치스러운 일을 당했으나, 너무 부끄러워 그 사실을 인정치 않는다고 생각했습니다. 그 죄를 범한 사람으로 추정되는 판테라(Panthera)라는이름의 로마 군인에 대한 소

문이 꼬리를 물고 다녔습니다.[1]

당신도 알다시피 그 어느 누구도 기적적으로 회임된 메시아를 기대한 사람은 없었지 않았습니까?

우리가 받아온 예언들, 그리고 그 유명한 이사야서의 초기 예언 부분들조차도 마리아와 요셉 시대까지는 그런 방식으로 읽히지 않았습니다. 그러나 그때 어떤 일이 발생했습니다. 요셉이 꿈을 꾸었는데 그 꿈에서 요셉은 "마리아를 너의 아내로 취하는 것을 두려워하지 말라. 그 아이는 하나님에게서 기원한 것이다"라고 들었습니다.

그런데 이 명령은 요셉이 엄청난 자존심 그리고 명예를 삭이며 감수할 것을 요구했습니다.

그의 아내의 첫 아이가 그 자기 아들이 되지 않는 것이었지 않습니까?

이런 사안에 대해서는 토라는 아무런 것도 말씀하지 않았습니다. 그는 단지 자신의 자존심을 삼키고 믿음으로 전진해야 했습니다. 그리고 그는 그렇게 했습니다.

그러나 그 마을 사람들은 그의 행동으로 인해 그를 덜 존경하거나 더 이상 존경하지 않게 되었습니다. 그럼에도 그는 마리아에게 진정 무슨 일이 일어났었는지에 대해 그에게서 무엇이든 캐내려 하는 사람들에게는 절대 반응하지 않았습니다.

다행히도 마리아가 출산달이 다 되어갔을 때, 그녀와 요셉은 한동안 그 마을에서 나와 그들의 조상들의 고향인 베들레헴으로 향했습니다. 그리고 그 아기는 거기에서 태어났습니다.

---

[1] 후대의 유대 문헌에서 시사되는 이 측면에 대해서는, 예를 들면, *Tosefta Hullin* 2:24, "그는 나에게 판티리(Pantiri)의 아들 예수의 이름으로 이단적인 말을 했다"와 *Qohelet Rabbah* 1:8(3)의 "그는 나에게 판데라(Pandera)의 아들 예수의 이름으로 말을 했다"를 보라.

그들이 다시 나사렛으로 돌아와 조용히 지내면서 일에 전념했고 자신을 그 공동체에 유익한 사람이 되도록 최선을 다했습니다.

마리아가 여러 아이를 갖게 되었을 때 예수의 출생에 대한 여러 상황은 과거 속에 묻혔습니다. 그러나 그 후 예수님께서 세례 요한에게 세례를 받으시고 그분의 사역을 시작하셨을 때 그 오래된 이야기들이 수많은 형태로 되살아났습니다. 나사렛에서 오래 거주한 사람들은 예수님에 대해 그리고 그분의, 그들이 알고 있는 신분 그 이상의 존재에 대해서는 회의감을 표현했습니다.

결국, 그들에게 있어서는 예수님은 한 장인(artison)의 아들에 불과했던 것입니다. 이러한 그들의 예수님에 대한 인식은 예수께서 나사렛에 있는 회당에 오셔서 설교하실 때 들끓기 시작했습니다.

당신은 그러한 동일한 사람들이 예수께서 십자가에 달려 돌아가셨을 때 무엇을 말했는지 상상할 수 있을 것입니다. 예수님은 그분 자신의 마을, 그분 자신의 친족, 심지어 그분 자신의 가족들을 제외하고는 명예가 없지는 않았던 옳은 선지자셨습니다.

당신도 알겠지만 그분 자신의 형제들조차도 진정 그 당시에는 예수님을 믿지 않았습니다. 맞아요. 그 형제들은 예수께서 어떤 놀라운 일을 행하실 수 있는 줄로 알았어요. 그러나 당신에 나에게 물을지라도 그것은 토라에 있는 요셉과 그의 형제들의 이야기와 마찬가지였답니다.

형제끼리의 경쟁심, 질투, 어리석은 행동들이 있었지요. 그분의 형제들은 심지어 예수의 장례조차도 살피지 않았어요. 그것은 그들이 진정 무엇을 생각하고 있었는지를 명확히 보여주는 징표였습니다. 그들은 진심으로 예수님과 그분의 삶이 어떻게 끝났는가에 대해 부끄러워했습니다. 그분은 재앙으로 끝이 난 모종의 사역 때문에 그분 자신의 가족을 내팽개친 것으로 보였습니다.

그리고 당신도 알다시피, 우리 백성은 종종 사람이 어떻게 죽느냐가 그 사람의 진정한 성격을 드러내 보인다고 생각해왔습니다.

토라에도 있는 말씀이 아닙니까?

"나무에 달려 죽은 자에게 저주가 있을지니."

그래서 사람들은 그분의 충격적인 죽음 후에 예수님에 대해 진정 나쁘게 생각했던 것입니다. 물론 예수께서 그분의 형제 야고보와 많은 다른 사람들에게 나타나시기 전까지였지요.

음, 그 사건이 모든 것을 바꾸어 놓았습니다. 마리아는 줄곧 내내 자기 아들 예수에 대한 믿음을 견지했습니다. 심지어 예수께서 행하셨던 일이 무엇이고 왜인지를 잘 이해할 수 없을 때 조차도요."

유다는 목청을 가다듬었다.

"훨씬 더 말할 것이 많습니다. 그러나 우리는 이 대화는 나중에 이어가야겠군요."

마태오스는 열중하여 경청했고 유다의 이야기를 마음속에 깊이 저장했다. 태양이 이제 하늘에 높이 떠서 그들을 뜨겁게 내리쬐고 있었다.

마지막 문안 인사와 포옹 후에 야곱과 마태오스는 유다에게 손을 흔들어 작별 인사를 하고는 집으로 향했다. 이제 마태오스에게는 진짜로 할 일이 남았다.

19

그 주간의 나머지 사건들

디도는 여전히 자신의 정복 결과물을 살펴보며 말 위에 걸터앉아 있었다. 그는 강력한 로마 군대 앞에서 보여 준 유대 백성들의 회복력과 불굴의 모습에 매우 놀랐다.

로마가 이 작은 땅덩어리를 진압하는데 왜 그토록 오랜 시간이 걸렸을까?

왜 그렇게 많은 저항이 일어났을까?

왜 많은 유대 시민은 회유하는 일반적인 수단들, 즉 뇌물들, 사업적 혜택, 제휴 등에 호응하지 않았을까?

왜 전부 아니면 모든 것을 잃어버리는 방식을 취했을까?

물론 요세푸스와 같은 몇몇 합리적인 유대인도 있었다. 그러나 그는 희귀한 사례였다. 대부분의 일반 유대인은 전쟁에 전혀 관여하려 하지 않았다. 하지만 그들은 로마에 대해 굽신대는 어떤 행위도 원치 않았다.

그들은 단지 로마의 신들, 특히 황제를 숭배하기보다는 차라리 죽기를 택했다!

세상에는 그토록 많은 선과 악이 있을진대 어찌 하나의 신만 믿는 것이 가능하다는 말인가?

이것은 디도가 감람산 정상에서 예루살렘성의 잔해를 살펴보는 중에 그의 마음속을 관통하고 있는 생각들이었다. 하지만 그는 종교가 모든 것의 중심에 놓여 있는 그처럼 까다롭고 심지어 광적인 사람들을 도통 이해할 수 없을 뿐이었다.

일곱째 되는 날 아침, 그 도시의 잔해는 더 이상 연기를 내뿜지 않았다. 대기를 가득 메꾸었던 썩어가는 시신들의 악취도 잦아들기 시작했다. 지난 며칠 동안 디도의 군대는 예루살렘성의 정남 쪽에 있는 힌놈골짜기(Hinnom Valley)에 대규모의 무덤을 만들어 신원 파악이 안 된 시신들을 매장하는 험한 일에 매달려 있었다.

섬뜩한 예시로 십자가에 처형된 유대인들도 그 거대한 무덤에 매장되었다. 디도는 멀리서 지켜보고 있었다. 전쟁으로 잔뼈가 굵은 사람이었지만 냄새와 참혹한 광경에 구역질이 나려고 했다.

그는 충분히 전쟁을 경험했고 전투에 참여했으며 그의 대적들의 패배를 냄새 맡았고 승리를 기념하는 술에도 충분히 취했다. 집으로 돌아가 로마로 개선 행진을 한 후 다른 일을 할 때가 되었다.

내면적으로 볼 때 그는 냉혈한이나 복수심에 찬 인물이 아니었다. 그리고 그는 로마의 대적들을 고문하는 일을 즐기지 않았다. 그의 아버지인 베스파시안 황제처럼 디도는 자신이 평범한 사람의 마음을 가졌고 사람들을 이해한다고 느꼈다.

그러나 왜 그는 이 유대인들만큼은 이해할 수 없는가?

자신의 말이 내는 "짤랑짤랑" 소리에 깊은 상념에서 깨어난 그는 감람산 북쪽 경사면을 내려가기 시작했다. 겟세마네동산(Garden of Gethsemane)으로 불린다고 들은 감람나무들로 이루어진 작은 숲 속에 있는 올리브 압축 시설이 있는 곳까지 아래로 내려가서 그는 말에서 내렸다.

일찍이 평화로운 환경에 있을 때 그는 그곳에 있는 대리석 석판을 봐두었는데 지금은 그가 그곳에서 신들에게 승리주(victory libation)를 바치곤 했다.

디도는 감람나무 숲에서 그리 멀지 않은 곳에 격리된 한 바위에 앉은 노인을 알아차리지 못했다. 그는 디도를 지켜보고 있었고 이제 그는 수년 동안 내재화된 거룩한 담대함으로 그 사령관에게 외쳤다.

"전혀 실제로 존재하지 않는 신들에게 예물을 바친들 그것이 당신에게 무슨 유익이 있습니까?"

깜짝 놀라 그가 돌아보았다.

"실재하지 않는다고?"

"이봐, 늙은이!

우리가 이 승리를 어떻게 거두었다고 생각하는가?"

"한 분 진정하신 하나님이 허용하셨기 때문이지요. 그분은 그분의 선지자들을 통해 그분 백성들의 죄악으로 인해 심판이 그들의 도성과 성전 위에 임하게 될 것이라고 경고하셨었습니다. 당신은 알지 못했겠지만 단지 하나님의 심판의 대리인 임무를 수행했을 뿐입니다."

"그렇다면 한분 참 신이라면 그대가 유대인들의 신을 말한다고 내가 생각해도 되겠는가?"

"그렇고말고요. 다른 신은 결코 없습니다. 그리고 다른 그 어떤 숭배도 헛될 뿐이지요."

그 노인의 어두운 눈이 꿰뚫어 보고 있었다.

디도가 찡그렸다.

"그렇다면 그대는 로마 제국의 발흥을 어떻게 설명할 터인가?"

"그것은 우리의 예언서들, 다니엘 안에서 예언되었지요.

그러나 당신은 그것에 대해 모르겠지요?"

"나는 사실 그 예언에 대해 알고 있다네. 너희 민족 중 한 사람인 요세푸스라는 자가 나에게 그것에 대해 말해 주었지."

요세푸스라는 이름에, 그 노인은 땅바닥에 침을 뱉었다.

"반역자. 그에게 저주가 있을지어다!"

"아니면 당신보다 더 지혜로운 사람이거나!

그는 바람이 어디로 불고 있는지 볼 수 있거든."

그 노인은 확고했다.

"하나님의 나라 외에는 모든 제국 모든 왕국이 일어났다 패망합니다. 그분의 나라가 오고 있습니다. 그러나 그 나라는 폭력으로 임하지 않습니다. 그 나라는 복음을 통해서 이루어질 것입니다."

"나도 이 내용에 대해 들은 적이 있어."

디도가 말했다.

"약간이기는 하지만 말이지.

너는 여기 근처에서 십자가 위에서 죽은 그 나사렛 사람을 가리키는가?

그의 나라는 지금 어디에 있지?"

그 노인이 미소지었다.

"언젠가 그분이 세상을 다스리기 위해 다시 오실 것입니다. 여기에 아이러니가 있지요. 당신은 그분이 배신당하던 그날밤 기도하셨던 바로 그 장소에서 기도하고 있는 것입니다."

디도는 그 사람의 터무니없어 보이는 말을 신뢰할 수 없었다.

"너는 어떻게 고통받고 죽은 신을 믿을 수 있지?

나약해 빠진 신이라니!

그것은 전혀 말이 되지 않아."

사진 19.1. 감람산

"당신은 고난을 통하여 그 고난을 능가하고 투쟁을 통하여 그 투쟁 후에 정당성이 입증되며 신체에 무슨 일이 일어날지라도 결코 굴복되지 않는 정신을 갖게 되는 그 힘을 얻게 되는 것에 결코 들어본 적이 없지요?

예수께서 십자가에서 고난받으신 후 하나님은 그를 죽은 자들 가운데서 살아나게 하셨습니다. 그분은 신원되셨지요. 당신의 군인들이 그분의 시신을 샅샅이 찾았으나 찾을 수 없었습니다.

죽음 후에 그분이 여러 번 나타나신 사실이 그분의 제사들이 여전히 여기저기에 있고 제자의 숫자가 계속 늘어나고 있는 이유입니다. 그것이 우리가 여기 예루살렘의 폐허를 보면서도 희망을 품고 있는 이유이지요.

우리는 무너졌으나 무너지지 않았습니다. 우리는 한동안 기가 꺾여 살아가겠지만, 절망에 빠지지는 않을 겁니다.

하나님은 우리를 버리지 않으셨습니다."

디도는 코웃음 치며 대답했다.

"이봐, 늙은 양반!

그대가 믿는 신이 얼마나 이상한지 아는가?
다른 사람들을 위하여 고난받는 신이라니!
다른 사람들로 자신을 위해 고통받게 하는 대신 말이야."
"잠시 생각해 보십시오."
그 사람이 말했다.
"자신에게 물어보십시오.
죄들은 어떻게 속죄됩니까?
물론 희생 제사를 통해서입니다.
양을 잡아 그 양의 생명이 담긴 피를 붓는 제사로 속죄가 이루어지는 것이 아닙니까?
그러나 동물 희생 제사는 단지 제한된 가치, 제한된 효력을 가질 뿐입니다. 그 유익은 다음 죄를 짓기 전까지만 지속됩니다.
그러나 신의 제사, 한번에 영원한 효력을 가진 모든 죄를 대속한 희생 제사가 있을 수 있음을 가정해 보십시오.
하나님의 아들이 그러한 희생 제사를 드린 만큼 우리를 사랑하셨다고 생각해 보십시오.
신에 의하여 행해진 한번에 영원한 효력을 지닌 희생 제사가 다시, 그리고, 다시, 또다시 드려지는 이 모든 작은 희생 제사보다 훨씬 더 낫지 않겠습니까?
이것이 우리를 향하신 하나님의 사랑의 징표입니다.
그리고 하나님이 우리 자신의 죄를 우리 스스로 결코 합당하게 속죄할 수 없다는 것을 아신다는 사실과 그래서 그분이 한 번에 영원한 효력을 지닌 한 사람과 치유를 준비하셨음을 보여주는 것이 아닐까요?
그것은 충분히 믿을 만한 가치가 있는 내용입니다. 우리는 제사장들, 신전들, 혹은 희생 제사들을 더 이상 필요로 하지 않습니다. 속죄를 위하여 지불하는 일은 모두 다 해결되었습니다."

"음, 모두는 아니지."

비꼬는 웃음과 함께 대답했다.

"그대는 여전히 그대의 세금을 내야 해."

그 노인은 일어서서 걷기 시작했다. 그리고 이렇게 말했다.

"그것에 대해 생각해 보십시오.

그게 당신에게 좋을 것입니다."

그때 디도는 그 사람이 절뚝거리는 것을 보았다. 의심의 씨앗이 그의 마음속에 심어졌다.

'이 노인이 옳은 것인가?'

디도는 자신의 말에 다시 올라탄 후 베다니를 향해 골짜기 아래로 내려가면서 압살롬의 무덤(tomb of Absalom)이라 불리는 최근에 건축된 사당을 포함하는 거대한 무덤들을 지나쳤다.

"죽음은 우리 모두를 방문한다."

사진 19.2. 기드론골짜기(Gidron Vally)에 있는 압살롬의 무덤(A.D. 1세기)

디도가 중얼거렸다.

"아무도 피해갈 수 없지.

그리고 무덤 너머에서 무슨 일이 벌어질지 누가 확실히 알 수 있단 말인가!

나는 내 조상들의 영혼들이 지하 세계인 하데스(Hades) 혹은 엘리시움(Elysium)에 살아 있다는 것을 믿는다.

하지만 그것은 믿음의 사안일 뿐!"

디도가 그 주를 새로운 총독에게 인계할 수 있기까지는 아직 수 주간 동안 처리할 일들이 있었다. 정복과 통치는 매우 다른 문제였다. 진압하는 것과 평화를 유지하는 것은 별개의 문제였고, 로마인에게 조차도 그렇게 보였다.

"언젠가 이 유혈 낭자한 일이 무엇을 위한 것이었는지 이해할 날이 오겠지."

디도는 한숨을 쉬었다.

"언젠가."

사진 19.3. 기드론골짜기에 있는 다른 1세기의 무덤들

엘리시움(Elysium)

엘리시움은 처음에는 하데스와 구별되고(호머를 보라) 영웅들과 통치자들과 황제들 같은 어떤 신성과 연관이 있는 이들을 위하여 예비된 어떤 장소로 간주했던 죽음 후의 삶에 대한 그리스적 개념이었다.

나중에 엘리시움은 또한 의인들을 위하여서도 예비된 곳으로 여겨졌고 그 땅은 하데스와 달리 지고의 축복의 땅으로 간주했으며 그곳은 순전한 실체의 그림자와 같은 영역이었다. 어떤 이들은 엘리시움이 유명한 세계의 극 서쪽에 있는 어떤 섬들 위에 있다고 생각했다.

20

기도와 섭리

산시아에게는 그때가 차가운 사막 기운에도 불구하고 뜨겁고 땀이 비 오듯 하는 밤이었다. 알렉산더는 샘물에 적신 차가운 천으로 그녀의 얼굴을 닦아 주면서 밤을 지새웠다.

그는 전에 절대 기도해 보지 않았던 사람처럼 그 밤에는 계속 기도했다. 산시아의 열이 떨어진 것은 거의 새벽녘이었다.

"누가 내 발목을 뜨거운 쇠막대기로 찔렀나요?"

그녀는 신음 소리를 냈고 그녀의 눈은 여전히 감겨 있었다.

"나는 아니요."

알렉산더가 안심하며 말했다.

"부기가 빠질 때까지 이 천을 상처 위에 둘 생각입니다."

"목이 무척 말라요."

산시아가 눈을 뜨려고 애를 쓰면서 말했다.

"물 한 동이를 다 마실 수 있을 것 같아요."

알렉산더는 물을 가져올 가죽 주머니를 들고 근처의 샘으로 내려갔다. 산시아가 정신이 드는 것처럼 보이자 그는 안도하며 아찔한 현기증을 느꼈다.

그러나 그런 발목 상태로 걷기까지는 시간이 얼마나 걸릴까?

그것은 또 다른 문제였다. 알렉산더는 그들이 가진 돈 대부분을 향신들을 사느라 써버려 수중에 돈이 조만간 얼마 남지 않을 것을 염려했다.

샘은 제법 먼 거리에 있었지만 알렉산더는 가능한 한 빨리 그곳에 도착했다. 그는 천천히 내려가 달콤하고 시원한 눈을 뜨기 위해 허리를 굽혔다. 그는 한 번 더 자신과 산시아가 함께 있게 될 날을 미리 그려보며 생각에 빠지기 시작했다.

노예가 된다는 것의 재미있는 점은 노예를 위해서는 준비된 결혼이라는 것이 없으므로 노예들은 그들이 적당하다고 생각되는 보통은 같은 집의 누군가와 자유로이 구애할 수 있다는 점이었다.

자유롭게 된다면 그들은 결혼할 수 있었고 심지어 동일한 집에서 계속 일할 수 있기도 했다. 사실상, 많은 노예는 그들이 해방된 지 오래되었을지라도 동일한 집에서 계속 일하기를 선호했다.

그러한 일은 직업의 안정성과 친숙한 환경이 주는 편안함을 제공했다. 물론, 이 모든 것은 노예의 주인에 달려 있었다. 그러나 알렉산더는 헥터에 대해 추호의 의심도 없었다.

알렉산더가 산시아에게 돌아갔을 때, 그녀는 앉아서 오렌지 껍질을 벗기고 있었다. 그는 잠시 멈추어 거무스름한 얼굴에 지성미가 담긴 그녀의 얼굴과 우아한 자태를 감탄하면서 바라보았다. 그는 그녀에 대한 모든 것, 즉 그녀의 목소리 그녀의 태도 그녀가 말하는 방식 그녀의 힘든 일까지도 전부를 사랑했다.

이 모든 것은 그녀의 예수님께 대한 깊은 신앙심으로 강화되었다. 그는 그녀의 수많은 고난과 위기의 순간을 통하여 그녀 안에 내재된 그녀의 믿음의 많은 면을 더 많이 이해하게 되길 원했다.

그러나 알렉산더는 산시아가 어떻게 예배 가운데 때때로 공유하는 예언을 받는지를 이해할 수 없었다. 질문이 들어오면, 그녀는 언제나 대답했다.

"제 예언은 다른 곳이 결코 아닌 오직 하나님에게서 옵니다. 그것은 내가 미리 생각해 둔 어떤 것이 결코 아닙니다. 저는 단지 그 예언을 듣고 반복할 뿐입니다.

저는 그릇에 불과합니다. 여인이 산통 중에 있을 때 출산을 거절할 수 없습니다. 저 역시 그 메시지를 공유할 충동을 거절할 수 없습니다."

산시아는 알렉산더가 다가오자 올려다보았다.

"내가 보니 식욕이 돌아온 것 같군요."

알렉산더가 말했다.

"예. 하지만 아직은 여행할 준비가 된 것 같지는 않아요. 부기가 빠진다면 오늘 늦게 쯤 조금 걸어보고 싶어요. 아마도 나는 우리가 집으로 돌아가는 길에 조금은 나귀를 탈 수도 있겠지요.

하지만 지금 당장은 그 물을 마시고 싶습니다!"

알렉산더는 감탄하며 바라보던 눈길을 거두고 얼굴이 붉어지며 물방울이 떨어지는 그 가죽 주머니를 그녀에게 건넸다.

"미안해요. 여기 물이 있습니다. 당신이 나아지고 있는 것을 보니 큰 위안이 됩니다."

사실상, 그는 그녀가 매우 빠르게 회복되고 있음을 느끼고 있었다.

노예 제도의 또 다른 측면

고대가 되었든 좀 더 최근이 되었든, 노예 제도는 매우 사악한 제도라는 데는 이견이 없다. 특히 유대인들은 이 점을 인식했고 노예 제도의 제반 현상들 특히 유대인 공동체 안에서 개선할 수 있는 다양한 방법들을 추진했다. 그리고 이러한 경향은 그들의 공동체 안에 있는 유대인 그리스도인들에게도 그대로 유지되었다.

그러나 그리스-로마 세계에서 노예 제도는 과거 미국 남부의 남북전쟁 전의 노예 제도와는 달랐다. 그것은 인종 혹은 계층에 근거하지 않았다. 무엇보다도 당시 노예 제도는 그가 정복당한 사람인지 아닌지 여부와 관련이 있었다.

예를 들면, 약속의 땅에 살고 있던 많은 유대인은 A.D. 70년 이후에 일하기 위해 로마 제국 어디에든 배로 실어 날라졌다. 노예 제도는, 심지어 고대 노예 제도에서조차도 자유보다 선호되지 않았다는 것은 의심의 여지가 없다.

그러나 빈곤한 자유 혹은 [풍성한] 노예 신분 사이의 선택을 생각해 보라.

많은 고대인은 두말할 것도 없이 노예 신분을 선택했고 그것은 단지 미지의 천국 대신에 친숙한 지옥을 선호하는 또 하나의 사례가 아니었다. 때때로 노예로 살아가는 것은 단지 견딜 만하다거나 용인될 만한 상태보다 더 나을 수 있었다. 그것은 나름 장점들을 갖고 있었다. 우선, 당신이 좋은 주인을 만난다면 당신은 장기간 안정적 직업을 확보할 수 있었다.

고대 세계에서 노예들은 모든 종류의 직업에 종사했다. 그들은 단순히 농업 혹은 가사 노동자들이 아니었다. 사실상, 로마의 행정 업무 종사자의 상당수는 노예들로 구성되었다.

어떤 추정치를 보면 로마 제국의 주요 도시들의 인구의 절반은 노예이었다. 노예들은 사업가들, 배우들, 교사들, 예술가들, 음악가들, 목수들, 석공들, 사업 매니저 등이었다. 비록 노예들이 또한 다른 사람들이 원치 않는 일들, 예를 들면 가장 위험한 일에 속하는 광산 노동과 같은 일을 한 것이 사실일지라도 그들이 제국 안에서 천한 일에 한정되어 일한 것만은 아니었다.

그래서 어떤 노예가 묘비명에 "노예 제도가 결코 나에게 불친절하지 않았다"에 쓰기를 원했다는 것은 결코 놀라운 일이 아니었다. 명백히 노예들 가운데 발생할 수 있었던 혁명의 열기를 막아 내기에 충분한 유익과 기회들이 존재했다. 반란들, 유대인들의 반란과 같은 사건들은 노예들에 의해 주도되지 않았다. 참으로, 그 어떤 고대의 정부도, 심지어 유대인 정부도 노예 제도의 폐지를 시도하지 않았다.

과거 노예였던 이들 중 어느 누구도, 심지어 노예로서 학식 있고 능력 있는 작가였던 이들조차도 그들이 자신들의 자유를 획득한 후에 글로써 노예 제도를 공격하지 않았다. 그들은 노예들과 노예 제도의 남용에 대해 반대하여 글을 썼으나 그것이 전부였다.

우리에게는 심정적으로 헤아리기 어려울지라도 노예가 되는 혜택 중 하나는 만일 당신이 노예였다가 해방된다면, 당신이 즉시로 당신의 주인 이름의 한 부분을 자신의 이름의 한 부분으로 취하면서 로마 시민이 되는 것이었다. 당신은 법적인 소유물이었다가 로마 제국 안에서 가장 높은 시민의 지위를 갖게 되는 것이었다. 이것은 사소한 일이 아니었고, 해방의 이야기는 무수히 많고 다양했다. 노예 해방은 꽤 많은 범주에서 발생했다.

고대 노예 제도에 대해서는 언급되어야 할 것이 훨씬 많다. 그리고 그 제도에 대해 비판적으로 말해져야 할 것도 더 많다.[a] 이것은 노예 제도를 정당화하거나 찬양하려는 시도가 아니다. 그러나 노예 제도에 대해 종종 언급되는 오늘날의 주장보다는 좀 더 균형 잡힌 관점으로 바라는 것이 중요하다. 그렇지 않다면 우리는 하나님의 나라 안에서 적극적인 역할, 그리스도께서 지상에 오셨을 때 그분의 역할(빌 2:5-11), 그리고 사람들을 죽음과 가난에서 구하신 구원의 형태(form)에 대해 말하는 노예 제도의 메타포를 이해하는 데 어려움을 겪게 된다.[b]

---

[a] Ben Witherington III, *Revelation* (Cambridge: Cambridge University Press, 2003), 229-30.

[b] 이 축약본의 훨씬 자세한 설명은 나의 주석 *The Letters to Philemon, Colossians, and Ephesians* (Grand Rapids: Eerdmans, 2007) 안에서 찾아볼 수 있다. 구속 방식 안에서의 노예 관련 언어의 사용에 대해서는, D.B. Martin, *Slavery as Salvation* (New Have, CT: Yale University Press, 1990)을 보라.

사진 20.1. 튀니지아의 두까(Dougga, Tuinsia)에서 출토된 연회에서 일하는 노예들을 묘사하는 3세기의 모자이크

그러나 지금은 그들은 적어도 하루 이상 페트라에 갇혀 있었다. 그러할지라도 그들이 함께 있는 한 그는 많은 것을 신경 쓸 겨를이 없었다. 그의 마음은 따뜻해졌고 하나님께 짧은 감사 기도를 드리며 인도하심을 구하는 침묵의 요청으로 기도를 마무리했다.

한니발은 펠라의 중심부에 있는 바실리카에 있는 율리우스의 사무실로 돌아왔다. 율리우스가 그의 소식을 기뻐하지 않았다고 말하는 것은 어림잡아 말하는 꼴이었다.

자신의 손으로 작은 책상을 내리치면서 그는 고함을 쳤다.
"뭐라고?
너는 지금 내게 그 노예 년이 사라졌다고 말하는 거야?"
"정확히 말해서 사라진 것은 아닙니다 주인님!
단지 마을을 떠난 것이지요. 그리고 한동안 말입니다.
말씀드리기 죄송합니다만, 저는 오늘 아침에, 또한 헥터의 변호사 제노(Zeno)와 이야기를 나누었습니다. 그는 제게 주인님이 오래지 않아 그에게서 연락을 받게 될 것이라고 전해 달라고 했습니다."

율리우스는 신음 소리를 내며 뒤돌아섰다 그는 자신이 택할 수 있는 여러 가능성을 고려했다. 그는 지금 신중하게 대처하는 것이 좋다는 것을 알았다.

결국, 그는 이 마을에 새로 부임한 판사이기에 적들을 만드는 게 아니라 친구들을 만들 필요가 있었다. 마을 사람들은 로마인들이 아닌 대부분 그리스인들과 유대인들이었다. 그래서 그는 자동으로 자신의 편이 될 사람이 많지 않았다.

그는 자신의 상관들에게 그 노예 소녀에 대해 무엇을 말해야 할지를 확실히 알 수 없었다. 그러나 그는 무엇이 유리할지는 알았다. 그는 항상 그랬다.

한니발의 거구가 자신의 책상에 여전히 그림자를 드리우고 있을 때, 율리우스는 말했다.

"고맙군, 한니발. 자네는 이제 집으로 돌아가도 좋네."

"네 주인님!"

법정에서는 짜증나는 송사와 사소한 소송 건을 다루는 지루한 한 날이 흘러가고 있었다.

'도대체 무엇이 그가 이 신이 버린 마을인 펠라에 와서 일하도록 그를 설득했단 말인가?'

율리우스는 상념에 잠겼다.

21

오래된 두루마리들과 새 두루마리들

마태오스는 자신이 가장 좋아하는 장난감을 가진 아이와 같았다. 그는 자신의 무릎 위에 놓여 있는 것들이 좋아서 주체할 수 없었다. 태양이 빛으로 뜰을 씻기고 있었고 고기 잡는 그물이 건조를 위해 널려 있었으며 그물이 풍기는 냄새가 고요한 대기에 퍼져 있었다.

마태오스는 벽의 그늘 쪽에 앉아서 자신의 무릎에 팔레트를 놓고는 잉크병, 철필 그리고 빈 두루마리를 그의 오른쪽에 두었다. 그러나 당장은 그는 단지 자신 앞에 놓인 문서를 바라볼 뿐이었다.

그렇다. 그 두루마리들은 지난 몇십 년을 거치면서 약간 상태가, 특히 가장자리 부분의 상태가 좋지 않았다. 그러나 대체로 그리고 그의 목적을 충족시키기에는 좋은 상태였다. 마태오스의 관심은 아람어로 된 몇몇 신중하게 배열된 예수님의 말씀들, 특히 축복에 대한 말씀들에 고정되었다.

마태오스는 그의 복음이 대부분 예수님의 유대인 제자들에 의해 읽혀질 것으로 생각했다. 그는 이미 "하나님 나라" 대신에 그가 그의 유대인 청중을 당황케 하는 일을 피하기 위한 완곡한 표현인 "하늘 나라"를 사용할 것임을 알고 있었다.

그는 돈, 세금, 그리고 세리들에 대한 예수님의 모든 유명한 말씀을 수집했다. 이 일이 마가의 기술과 마태오스 자신의 기술을 구별하는 데 도움을 줄 것이다. 또한, 주제별로 모인 예수님의 가르침에 대한 다른 수집물들도 그러한 도움의 역할을 할 것이다.

그는 자신의 손에 쥐어진 그러한 가르침들의 다섯 혹은 여섯 덩어리를 만들기에 충분한 두루마리를 보면서 그 생각을 했다. 그는 또한 예수님과 모세 사이의 비교가 행해질 수 있음과 예수께서 어떤 방식으로 모세보다 우월한지에 대한 질문이 주어질 수 있음을 알았다.

혹은 실제로 예수님은 솔로몬보다 더 지혜로우신가?

마태오스는 그가 예수님을 드러내 보일 때 이러한 질문들을 진술할 필요가 있음을 알았다.

사진 21.1. 고대 두루마리 단편들

그러할지라도 지금 당장은 그 단지 이 많은 양의 예수님의 가르침을 읽고서는 모든 사람이 그 말씀들을 듣고 그것들로부터 배울 수 있도록 그 말씀들을 어떻게 그리스어로 가장 잘 번역할 수 있을 것인지를 생각하면서 들떠 있을 뿐이었다. 그는 예수님의 보다 급진적인 말씀들을 빠뜨리지 않겠다고 맹세했다.

그 말씀들은 다음과 같다.

"다른 뺨을 돌려대라."

"원수를 사랑하라."

"낙타가 바늘귀를 통과하는 것이 부자가 하늘에 들어가기보다 쉽다."

"죽은 자로 죽은 자를 장사하게 하라."

그리고 그는 예루살렘성전의 멸망에 대한 예수 자신의 예언 말씀들을 포함해야 한다고 생각했다. 아마도 이것은 예수님을 실패한 예언자로 치부해 버리기 쉬웠던 유대 청중을 곤혹케 할 것이다.

마태오스는 예수님의 가르침 중 시형태(poetry)의 어감을 잃게 될까 염려했다. 그 가르침들을 아람어로부터 그리스어로 번역하면서 그 가르침들은 리듬, 특별한 운율, 유운, 두운이 훼손될 수 있었던 끼닭이다.

'이 일을 어떻게 하지?'

그가 이러한 일들을 골똘히 생각하고 있을 때 마태오스는 그의 팔에 한 작은 손이 얹어지는 것을 느꼈다. 그는 빌립의 축소형 모형(miniature)을 보려고 돌이켰다. 한 세대를 건너뛴 형국이었다.

그 사람은 진정 작은 빌립이 틀림없었는데 그의 할아버지의 이름을 본떠서 빌립이라고 불리는 아이였다. 그는 동일한 긴 코, 어두운 곱슬머리, 거무스름한 얼굴색, 그리고 얇은 입술로 드러나는 미소를 하고 있었다.

"그 낡은 두루마리를 갖고 무얼 하고 계세요?"

그 작은 목소리가 물었다.

마태오스는 미소지었다.

사진 21.2. A.D. 196-198년의 이집트 파피루스

"이것들은 예수님의 가르침이란다. 그리고 그 말씀들은 어떤 대가를 치르고서라도 보존되어야 해.

그 말씀 중 하나를 너에게 읽어주마."

그는 한동안 뒤적뒤적 말씀들을 찾았다.

"그 작은 아이가 내게 오는 것을 허락하고 그들을 방해하지 말아라. 왜냐하면, 하나님의 나라가 그와 같은 이들의 것이기 때문이다."

그 작은 얼굴이 마태오스를 보고 활짝 미소 지었다.

"나는 그 말씀을 배운 적이 있어요. 우리 아버지가 내게 가르쳐 주셨지요. 예수님은 단지 나이 많은 사람만을 위한 분이 아니세요.

그분은 내게도 관심을 두시는 분이세요."

"네 말이 맞아. 그리고 그분의 가르침이 그러하지."

마태오스가 말했다.

"나는 너와 같은 사람들을 위하여 예수님의 가르침들을 보존하고 그 말씀들을 예수님의 전체 삶의 훌륭한 이야기 속에 넣는 일을 하고 있어."

한 가지 생각이 그에게 떠올랐다.

"아마도 네가 나를 조금 도울 수 있겠구나.

내가 그 두루마리를 다른 두루마리에 옮겨 적을 수 있는 동안 그 두루마리 한쪽 끝자락을 들고 있을 수 있겠니?"

"물론 할 수 있고말고요."

작은 빌립이 말하며, 기꺼이 손을 뻗었다.

"조심해야 해!"

마태오스가 경고했다.

"조심하지 않으면 찢어지고 말 거야."

그때 빌립의 유모, 나오미가 나타났다.

"거기 있었구나, 이 작은 장난꾸러기!"

"보세요. 나는 이분이 예수님의 이야기를 쓰는 것을 도와드리고 있어요!"

빌립은 그녀에게 매력적인 미소를 보냈다. 나오미는 미소로 반응하며 말했다.

"음, 나중에 너는 돌아와서 마태오스 선생님을 도울 수 있을 거야. 하지만 지금 당장은 너의 아버지께서 네 도움이 필요하단다."

빌립의 고개가 떨구어지며 아랫입술을 삐죽 내밀었다.

"너의 아버지께서 네가 해야 한다고 말씀하시면 너는 해야만 해."

마지못해 빌립은 마태오스의 무릎에서 빠져나와 슬픈 얼굴을 하며 작은 손으로 나오미의 손을 잡았다. 마태오스가 크게 말했다.

"걱정하지 말아라. 나중에 너는 다시 올 수 있을 거야."

빌립은 그 집의 본관으로 들어가는 문을 통과하며 돌아가면서 돌아보고 미소지었다.

명백히 이 세 개의 문서에 근거하여 필사하고 편집하는 것은 마태오스에게 긴 시간과 많은 양의 업무가 있어야 하는 일이었다. 참으로 오랜 시간이 걸릴 것이다. 아마도 몇 달, 아니 많은 달이 소요될 것이다.

그는 호수에서 돌아왔을 때 야곱에게 말할 필요가 있었다. 그는 여기 벳새다에서 너무 오래 머물러 눈총을 받고 싶지 않았다. 그러나 여기에서 언덕 위를 올려다보는 전경은 믿을 수 없이 아름답다는 것을 인정할 수밖에 없었다. 그가 여기에서 예수님의 일생을 기록하겠다는 마음이 주어지지 않았더라면 그는 그러한 프로젝트에 대한 소망을 버릴 필요가 있었을 것이다.

바로 그때, 마태오스의 시선이 한 말씀 위로 떨어졌다.

"그러므로 하나님 나라를 위하여 훈련받은 모든 서기관은 그의 보물 창고에서 새로운 것과 낡은 것을 꺼내오는 어떤 집의 주인과 같다."

그는 의아한 마음으로 그 말씀을 반복하여 읽었다. 그는 그 순간 그 말씀이 그 자신을 위해 의도되었다는 것을 알았다. 그는 이 말씀을 발견하도록 예정되었고 예수님과 그분의 사역의 새로움과 옛것 모두를 보여주는 바로 이 특질을 가지고 그분이 가져 오신 새로움과 그분이 옛것, 옛 계약, 옛 율법, 옛 방식들을 성취하는 방식을 기술하도록 의도되었다는 것도 깨달았다.

사진 21.3. 갈릴리바다에 있는 배들

22

가족의 재결합

펠라는 언덕의 정상부에 있었다. 무심한 관찰자에게는 그 도시는 한창 번성하고 있는 도시처럼 보였다. 이미 세워진 건물 옆에는 또 하나의 건물이 세워지고 있는 도시였다. 그러나 한 도시의 성격은 단지 건물 자체로만 드러나지 않는다. 예수께서도 과거 말씀하신 대로 말이다.

"언덕 위에 세워진 도시는 숨겨질 수 없다."

그러나 미리암, 마르다, 그리고 요안나는 도시 자체를 찾아온 것이 아니라 그들은 자신들의 진정한 시민권과 핵심 정부를 다른 곳, 즉 하늘에 두고 있는 그 도시의 거주자들을 찾았다.

그들의 여행은 느릿느릿 나아갔다. 요안나, 미리암, 그리고 마르다가 펠라로 향하는 마지막 직선 코스를 따라 무거운 발걸음으로 터벅터벅 걷고 있을 때 각각의 언덕들이 꼬리를 물고 이어지는 것처럼 보였다.

그날은 예루살렘 함락 후 일곱째 되는 날이었다. 그리고 세 여인은 그들의 여행이 가져다 주는 신체적 대가뿐 아니라 또한 미래의 불확실성이 주는 감정적 긴장을 온몸으로 느끼고 있었다.

이미 펠라에는 예수님의 제자들이 있었다. 그들은 이 사실을 알고 있었다.

그러나 그들은 그들 중 어느 한 사람이라도 알아볼 것인가?

그들은 환대 속에 받아들여지길 기대했으나 한편으로는 스스로 그들이 어느 누구에게든 추가적인 짐이 되는 것을 원치 않음에 동의하고 있었다.

여전히 여행이 끝이 다가오고 있다는 사실이 좋게 느껴졌다. 그들의 발은 길의 피로로 쉬자고 소리지르고 있었고 그들의 말 그대로 빈약한 어깨는 짐을 지고 오느라 쓰라렸다.

각자는 자신만의 생각에 빠져 있었다. 거의 말을 쉬지 않는 마르다조차도 그리했다. 그들이 길 위에 한 분지에 도착하자 위의 고원에서 나는, 그들에게 새 힘을 주는 소리들을 들을 수 있었다.

사진 22.1. 펠라의 유적지

마르다는 그 언덕의 정상에 도착한 첫 번째 사람이었다. 샘을 발견하고는 그곳으로 곧바로 달려갔다. 그녀는 너무 목이 말랐다.

"생수에요!"

그녀가 소리쳤다.

세 여인 모두 우물에 모여들었다. 우물에는 마을 사람들이 바삐 움직이고 있었고 각각의 사람들이 자신들의 그릇에 물을 가득 채우려고 순서를 기다리고 있었다. 그 여인들도 앉아 잠깐의 휴식을 기뻐하며 순서를 기다렸다.

잠깐 눈을 감았던 요안나가 갑자기 꿈틀거리더니 눈을 떴다. 그녀는 우물가의 시끌벅적함 속에서 한 익숙한 목소리를 들었다. 오랫동안 잠자고 있던 기억의 안내를 받으며 그녀는 한 사람 한 사람의 얼굴을 샅샅이 살폈다.

갑자기 그녀의 시선이 단지 몇 발자국 떨어진 곳에 있고 등짝이 약간 굽어 있던 한 나이든 여인에게 멈추었다. 요안나는 그녀의 몸을 관통하는 기쁨의 전율을 느꼈다.

"미리암?"

그녀가 말했다.

그 여인이 돌아보며 요안나를 바라보았다. 그녀의 눈이 커지더니 한순간 두 여인은 말도 못 잇고 서로를 응시했다.

그다음 미리암이 요안나를 영접하기 위해 달려갔고 미리암이 포옹하기 딱 알맞은 시간에 요안나가 일어섰다.

조용히 미리암이 말했다.

"당신과 당신의 새 남편이 다소의 바울과 함께 떠나간 이후로, 거의 40년 동안 당신을 못 본 것 같군요. 40년! 그런데 어떻게 보면 그것은 당신과 나 모두가 부활하신 주님을 뵈었던 어제처럼 느껴집니다."

마르다와 다른 미리암이 눈물을 머금고 미소를 지으며 이 재결합을 지켜보았다. 하나님께서 그들이 여기에서 예수님을 사랑했던 그 누군가를 만나게 해 주시라는 그들의 기도에 응답하셨다.

"당신에게 두 사람을 소개하지요.

아마 어렴풋이 아실 수도 있고 기억을 더듬어야 할지 모르겠습니다. 바로 베다니의 미리암과 마르다입니다. 그들은 줄곧 나와 함께 여행했어요.

우리는 이곳이 주님께서 우리가 오길 원하신 곳이라는 예언이 참이기를 믿으며 소망 속에 왔습니다. 그리고 이제 우리는 그 예언이 참임을 알게 되었습니다. 그분이 우리를 여기 이 샘에서 당신 안에서 우리를 만나주셨습니다!"

"오! 이런, 정말 당신입니까?

미리암과 마르다!

나는 예수께서 예루살렘에서 우리에게 마지막으로 현현하신 이래로 두 사람 중 어느 누구도 보지 못했었는데요. 내가 갈릴리로 돌아간 후에 그분은 우리보다 앞서 갈릴리로 가시겠다고 말씀하셨었지요. 당신은 오순절을 위해 예루살렘에 머물고 있었음이 틀림없겠군요."

"예, 그래요. 우리는 예루살렘에 머물고 있었답니다. 성령께서 다락방에 모인 우리 모두에게 임하신 때는 참으로 경이로운 순간이었어요. 나는 결코 그 시절을 잊을 수 없다오. 그러나 나는 지금은 당신을 만나게 되어 너무 기쁩니다."

마르다는 가볍게 눈물을 닦아 내었다.

어디에 살고 있는지도 서로 잊은 채 살아온 여인들이 서로를 만나게 된 것은 큰 기쁨이었다. 한 그리스인 여인이 그녀가 우물에 다가갈 수 있도록 길을 내줄 수 있는지를 물으며 끼어들었다.

"아! 미안합니다. 이들은 내가 오랜 시간 보지 못했던 친구들입니다. 먼저 물을 길으세요.

우리는 당신이 끝내고 나면 이 마지막 항아리들에 물을 채우겠습니다. 우리가 물을 충분히 마신 후 우리는 당신이 그 물항아리들을 당신의 집으로 옮기는 데 도울 수 있을 것입니다."

요안나가 말했다.

그 여인들이 각각 항아리 하나씩을 취하여 자신들의 머리에 얹고는 미리암의 집으로 가는 길에 들어섰다. 베다니의 미리암이 조용히 그녀의 언니에게 말했다.

"보다시피 사실이잖아요. 하나님은 그분을 사랑하는 이들을 위해 모든 것이 합력하여 선을 이루도록 역사하시네요. 염려는 어떤 것에도 도움이 되지 않고 바꿀 수도 없어요."

"아멘!"

다른 세 여인이 거의 합창하며 말했다.

그들의 웃음이 샘에서 나는 물처럼 피어올랐다.

CLC 도서 소개

예수와 복음서

크레이그 L. 블롬버그 지음 | 김경식 옮김

신국판 양장 | 656페이지

이 책은 복음서 연구에 필수적인 다섯 개의 주제를 논리 정연하게 다루고 있다. 5부에 걸쳐 신약의 배경, 신약연구방법론, 신약의 서론적 이슈, 예수의 생애, 그리고 각각의 복음서 파편을 종합하고 정리한 복음서의 신학에 대한 내용을 수록하고 있다. 또한 각 장의 마지막마다 참고서적을 일목요연하게 정리해 두었는데 그것은 이 책의 깊이를 더해주는 요소로 작용하고 있다. 이 책은 개론적 연구가 아닌 한 차원 높은 복음서 연구를 원하는 독자들에게 좋은 길잡이 역할을 할 수 있을 것이다.

CLC 도서 소개

오순절 성령강림에서 밧모섬까지

크레이그 L. 블롬버그 지음 | 왕인성 옮김

신국판 양장 | 888페이지

크레이그 L. 블롬버그 교수의 『오순절 성령강림에서 밧모섬까지』는 그에게 미국 복음주의출판인협회 ECPA(Evangelical Christian Publishers Association) 상을 안겨준 『예수와 복음서』의 뒤를 잇는 역작이다. 저자는 폭넓게 사용된 그의 첫 책과 동일한 방식으로, 사도행전부터 요한계시록에 이르는 신약성경에 심도 있게 다가간다. 이 책은 성경을 연구하는 학생들이 각각의 책들에서 발견되는 역사적, 언어적 그리고 신학적 차원을 철저히 이해하는 데 도움을 줄 것이다.